W0222773

Kreatives und künstlerisches Gestalten in Freizeit und Beruf –
dafür steht der Name CHRISTOPHORUS seit mehr als 30 Jahren.
Jedes CHRISTOPHORUS-BUCH ist mit viel Sorgfalt erarbeitet:
Damit Sie Spaß und Erfolg beim Gestalten haben –
und Freude an unverwechselbaren Ergebnissen.

Andreas Martius

Das große Papierfliegerbuch

CHRISTOPHORUS

Inhalt

Flieger aus Papier

Der Traum vom Fliegen ist so alt wie die Menschheit. Schon in Sagen der griechischen Antike ist davon die Rede: Dädalus baute für sich und seinen Sohn Ikarus Flügel aus Federn und Wachs, um aus der Gefangenschaft von der Insel Kreta zu fliehen. Beide erhoben sich in die Luft der Freiheit entgegen, aber Ikarus geriet bei seinem Flug zu nahe an die Sonne und stürzte ab, als das Wachs schmolz.
Die Geschichte vom Flug des Ikarus ist nur eine Sage mit dramatischem Ausgang. Tatsächlich hielten aber auch diverse reale Tragödien die Menschen nicht davon ab, sich weiterhin mit dem Thema „Fliegen" zu beschäftigen. Es war ein langer Weg voller Irrtümer, bis der erste Flug tatsächlich Wirklichkeit wurde.
Als geduldiges und flexibles Baumaterial für Flugversuche und Modellbau bietet sich Papier geradezu an. Schon Leonardo da Vinci experimentierte mit aus Pergament gefalteten Flugobjekten, er gilt daher als „Schutzpatron" der Papierfliegerei.
Die ersten Papierflieger sind jedoch schon viel früher im alten China entstanden. Neben aus Papier, Stoff und Bambusstäben gebauten Flugdrachen gibt es Hinweise auf kleine propellerartige Flieger aus Papier und Holz mit scharfen spitzen Nasen. Sie sollen als Wurfgeschosse in Schlachten benutzt worden sein.
Bis heute sind bestimmt einige Millionen – natürlich friedliche – Papierflieger aus Schreibmaschinenpapier, Kopierpapier, Schulheftseiten oder Zeitungspapier entstanden. Böse Zungen behaupten sogar, ein Papierflieger sei Vorbild für das inzwischen ausgediente Überschallflugzeug Concorde gewesen. Ähnlichkeit hin oder her, Papier gibt auch dem Hobby-Konstrukteur die Möglichkeit, aus einem preiswerten und einfach zu beschaffenden Baumaterial fantastische Objekte zu gestalten. Ich hoffe, die hier vorgestellten Papierflieger laden Sie zu einer Reise in die wunderbare Welt des Fliegens ein.

Hinweise und Tipps

Grundmaterial

Alle Modelle dieses Buches werden jeweils aus einem Blatt Papier in DIN-A4-Format (297 mm x 210 mm) gefaltet. Es muss nichts weggeschnitten und nichts angeklebt werden, nur die Faltung ergibt die Form.
Das ideale Material ist Kopierpapier mit 80 g/qm Gewicht. Andere Papierstärken sind auch möglich, jedoch sollte kein wesentlich leichteres und damit dünneres Papier verwendet werden, weil die Papierflieger sonst während des Fluges ihre Form nicht halten können und abstürzen.
Bei schwererem Papier ist zu beachten, dass mit zunehmender Dicke auch manche Faltungen schwieriger durchzuführen sind. Bedingt durch das höhere Abfluggewicht müssen die Flieger mit mehr Schwung geworfen werden. Sie erreichen auch höhere Fluggeschwindigkeiten als Papierflieger aus leichterem Papier.
Die in den Faltvorlagen angegebenen Maße beziehen sich ausschließlich auf das DIN-A4-Format. Bei anderen Papiergrößen stimmen die Maße nicht.

Faltungen

Alle Faltungen müssen mit dem Lineal oder dem Fingernagel glatt gestrichen werden, damit keine Wülste die Aerodynamik des Papierfliegers beeinträchtigen. Es empfiehlt sich, die Faltungen auf einer harten und glatten Unterlage durchzuführen. Die Tragflächen müssen symmetrisch und gleich groß geformt sein. Von vorn betrachtet sollten die Tragflächen in einer leichten V-Form nach oben zeigen. Das erhöht die Flugstabilität.

Faltanleitungen

Auf den Seiten, die der Abbildung des Fliegermodells folgen, werden alle Faltschritte mit Zeichnungen und Text erklärt. Es ist hilfreich, vor einer Faltung bereits den nächsten Faltschritt anzuschauen. Maßlinien zeigen den Abstand in Millimetern an.

Schwierigkeitsgrade

Bei jedem Flieger ist der Schwierigkeitsgrad der Faltarbeit angegeben:

*	*leicht*
**	*mittel*
***	*schwieriger*

Abwurf

Zu einem guten Flug gehört auch die richtige Wurftechnik. Beim Start soll der Flieger mit der Nase leicht nach unten zeigen. Den idealen Abwurfschub bekommt man durch Testwürfe heraus. Ein häufiger Fehler ist, den Papierflieger mit nach oben gerichteter Nase und zu wenig Schub zu werfen. Das Flugbild ähnelt dann einem Wellenflug, der auf Seite 11 beschrieben wird.

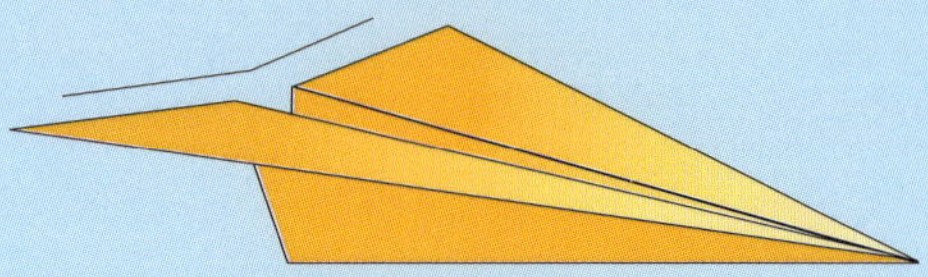

Faltblätter auf CD

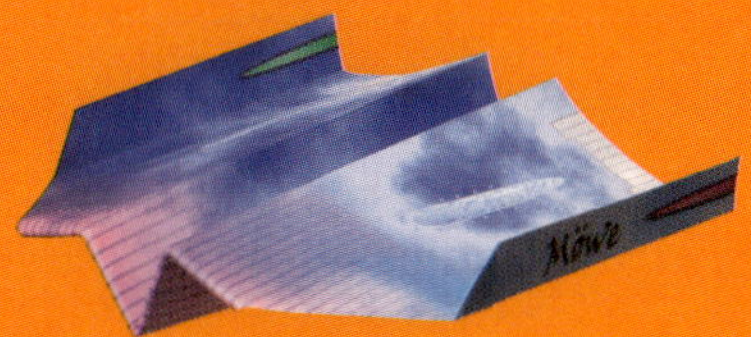

Farbige Faltblätter auf CD

Irgendwann werden bestimmt auch Sie feststellen, dass ein Papierflieger aus weißem Papier Ihren optischen Ansprüchen nicht mehr genügt. Daher finden Sie farbig gestaltete Faltblätter auf der beiliegenden CD. Die fertigen Papierflieger sind auf den Abbildungen des Buches zu sehen.

Auf der CD gibt es für jedes Fliegermodell eine PDF-Datei, die Sie auf Ihre Festplatte laden und mithilfe des kostenlosen Programms „Acrobat® Reader®" ausdrucken können (Programm zum Download aus dem Internet: http://www.adobe.de).

Jede PDF-Datei beinhaltet die Papiervorderseite und die Papierrückseite. Damit die Flieger perfekt aussehen, sollten Sie beide Seiten auf ein Blatt Papier im Format DIN A4 ausdrucken. Legen Sie nach dem Bedrucken der Vorderseite die Rückseite so in den Drucker ein, dass Bug und Heck des Fliegers deckungsgleich ausgedruckt werden. In der Regel muss dazu die beim Druck der Vorderseite zuerst aus dem Drucker kommende Blattkante für den Druck der Rückseite auch wieder zuerst in den Drucker eingezogen werden. Bitte richten Sie sich nach der Gebrauchsanweisung Ihres Druckers für beidseitigen Ausdruck.

Da die meisten Drucker nicht bis zum Blattrand drucken können, sind die Faltvorlagen etwas verkleinert dargestellt und füllen nicht die gesamte Fläche des Blattes aus. Bevor Sie mit dem Falten nach der Anleitung beginnen, sollten Sie diesen unbedruckten Rand abschneiden.

WICHTIG: Da die in den Faltvorlagen für DIN-A4-Blattgröße angegebenen Maße nun nicht mehr verwendet werden können, sind alle Faltlinien in den bedruckten Faltvorlagen als gestrichelte Linien sichtbar. Mit den Faltanleitungen können Sie das bedruckte Papier nun unabhängig von den Maßangaben entlang der gestrichelten Linien falten.

TIPP: Falls die Bedruckung der Vorder- und Rückseite nicht exakt deckungsgleich erfolgt, sondern schräg verdreht wird, sollten Sie am PC eine Druckerwartung mit Ausrichtung der Druckköpfe durchführen. Die genaue Anleitung dazu steht im Druckerhandbuch.

Vor dem Falten

Bevor Sie mit dem Falten beginnen, muss die farbig bedruckte Faltvorlage so auf der Arbeitsfläche liegen, dass die darauf befindliche Markierung ⊗ wie auf der ersten Zeichnung der Faltanleitung positioniert ist.

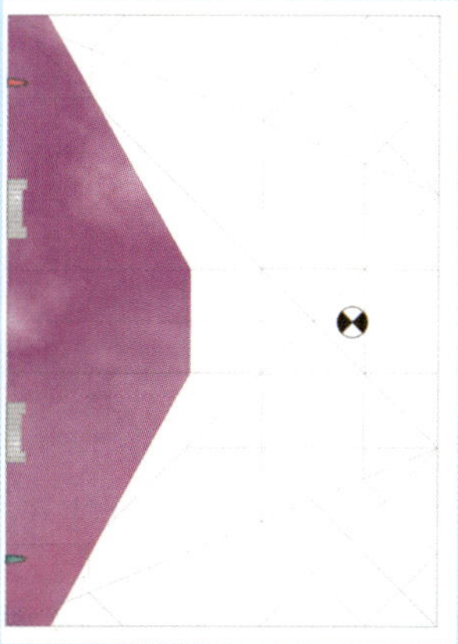

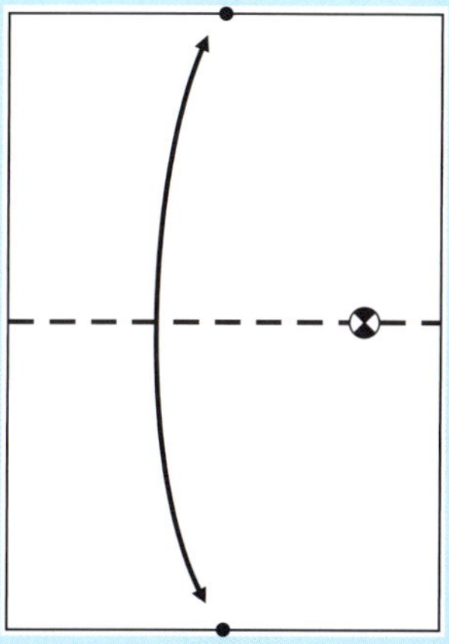

Aerodynamik

Auf ein fliegendes Flugzeug wirken vier Kräfte ein, die in einem bestimmten Verhältnis zueinander stehen müssen: **Schwerkraft**, **Auftrieb**, **Schub** und **Luftwiderstand**. Da das Eigengewicht eines Flugzeugs schwerer als Luft ist, wird es durch die Schwerkraft zu Boden gezogen. Damit das Flugzeug durch die Luft fliegen kann, muss eine der **Schwerkraft** entgegengesetzte Kraft, der **Auftrieb**, gebildet werden. Er entsteht durch die Luft selber, die auf eine bestimmte Art und Weise die Tragflächen eines Flugzeuges umströmt. Auf der Tragflächenoberseite entsteht ein Sog, der das Flugzeug nach oben zieht, an der Unterseite entsteht Druck, der es zusätzlich nach oben drückt. Ein Flugzeug muss sich, anders als ein Hubschrauber, zum Fliegen durch die Luft vorwärts bewegen, sonst werden die Tragflächen nicht umströmt und es bildet sich kein Auftrieb. Die Vorwärtsbewegung erfolgt durch den **Schub**. Bei richtigen Flugzeugen erzeugt ein Propeller oder eine Düse den erforderlichen Schub.

Bei Papierfliegern wird der Schub durch den Abwurf mit der Hand erzeugt. Dieser Anfangsschub wird jedoch durch den **Luftwiderstand** abgebremst. Die Luft ist also zu einem Teil nötig, um mit dem Umströmen der Tragflächen Auftrieb zu erzeugen, zum anderen bildet sie aber auch den Luftwiderstand, der das Flugzeug in der Luft abbremst. Da ein Papierflieger nach dem Abwurf keinen zusätzlichen Schub bekommt, bremst der Luftwiderstand den Flieger ab, bis der Auftrieb geringer als die Schwerkraft ist. Dann segelt der Flieger zu Boden.

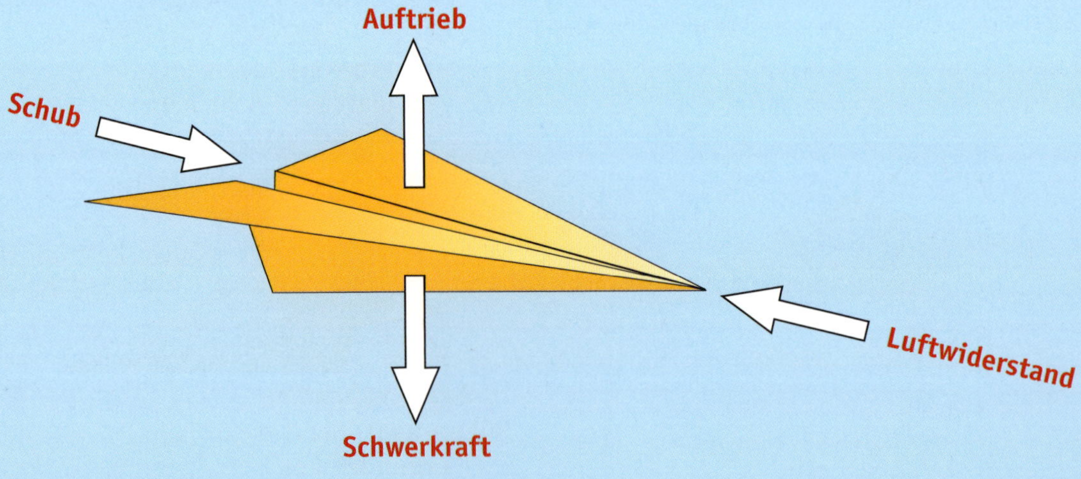

Flugverlauf

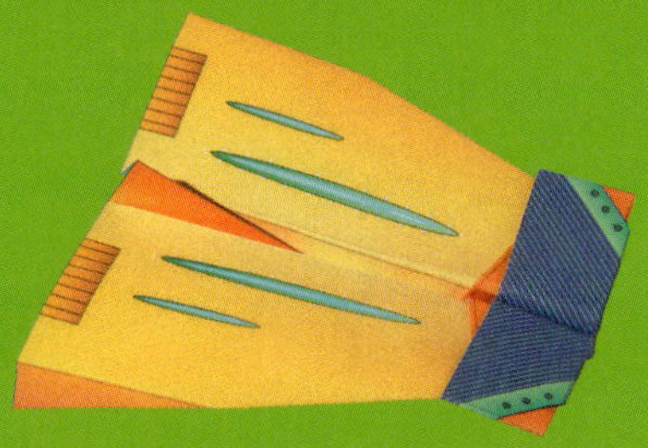

Ein Flugzeug wird über drei Achsen gelenkt, die **Längsachse**, **Querachse** und die **Hochachse**. Die wichtigsten Flugmanöver eines Papierfliegers werden über die Hochachse und die Querachse gesteuert. Diese werden im Folgenden näher beschrieben.

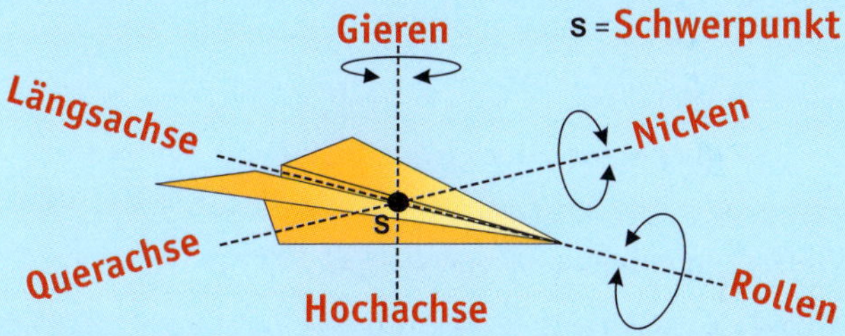

Die Bewegung um die **Hochachse** wird **Gieren** genannt. Sie wird durch das Seitenruder beeinflusst. Bei Papierfliegern bildet auch oft der Rumpf allein das Seitenruder. Je größer die Ruderfläche ist, desto stabiler verläuft der Flug. Soll der Flieger eine Rechtskurve fliegen, muss das Seitenruder nach rechts gebogen werden. Meistens genügt eine geringe Wölbung. In der Regel verläuft die Flugbahn eines Papierfliegers jedoch in einer Kreisbahn. Für Geradeausflug muss das Ruder in die der Flugbahn entgegengesetzte Richtung gewölbt werden.

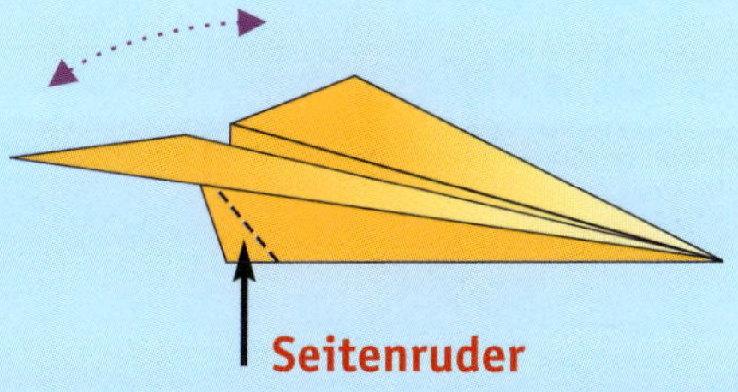

Die Bewegung um die **Querachse** wird **Nicken** genannt. Mit dem Höhenruder kann der Flieger um die Querachse gelenkt werden. In der Mitte der Achse befindet sich der Schwerpunkt des Flugzeuges. Wenn ein Papierflieger mit der Querachse auf zwei Finger gelegt wird, müssen sich Heck und Bug die Waage halten. Nur ein ausbalancierter Flieger fliegt gleitend.

Ist der Bug zu schwer, ist der Flieger **kopflastig**. Der Bug neigt sich im Flug immer steiler zu Boden, der Flieger stürzt ab. Zur Korrektur müsste der Bug erleichtert werden, was bei einem Papierflieger ja nicht geht. Daher werden die Höhenruder an der Tragflächenhinterkante leicht nach oben gewölbt.

Wenn der Bug zu leicht ist, ist der Flieger **hecklastig**. Der Bug nickt im Flug nach oben und unten. Zur Korrektur werden die Höhenruder leicht nach unten gewölbt.

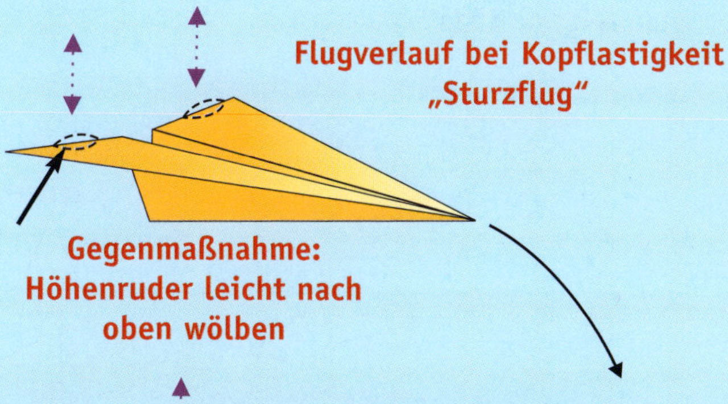

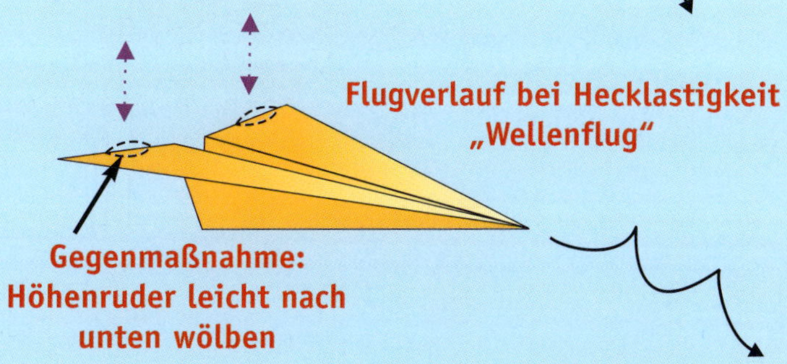

Faltsymbole

Kolibri

Schwierigkeitsgrad
**

Ophiuchi

Schwierigkeitsgrad
***

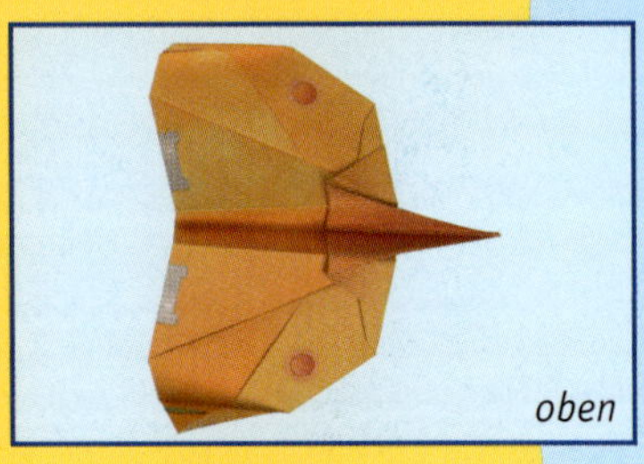

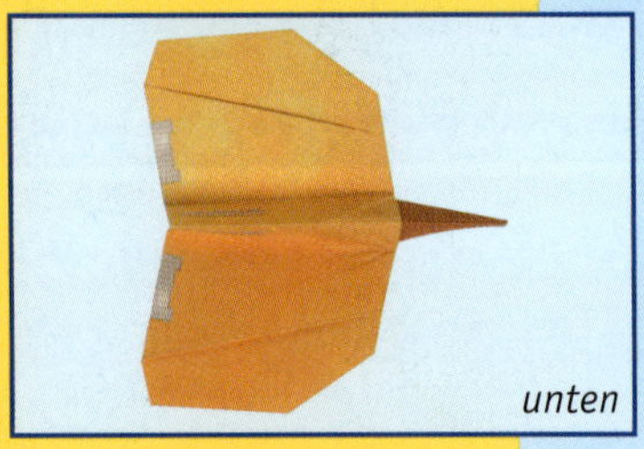

- falten
- Punkte übereinander legen
- falten und wieder entfalten
- nach hinten falten
- nach hinten einstecken
- nach vorn einstecken
- Talfalte
- Bergfalte
- vorhandene Falte
- nicht sichtbare Falte oder Papierkante
- Gegenbruchfalte
- Faltarbeit wenden
- Faltung öffnen
- herausziehen
- Seiten- oder Höhenruder biegen
- Bemaßung, Angaben in mm
- vergrößerte Ansicht

Kolibri

Kolibri

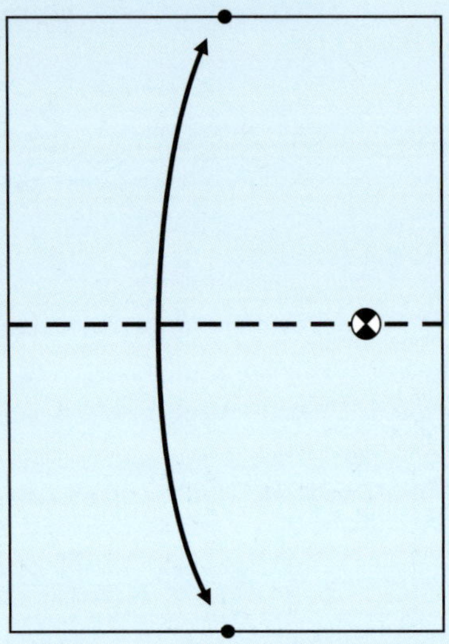

1 Das Blatt in der Mitte falten, wieder öffnen und so hinlegen, dass die Mittelfalte eine Talfalte bildet.

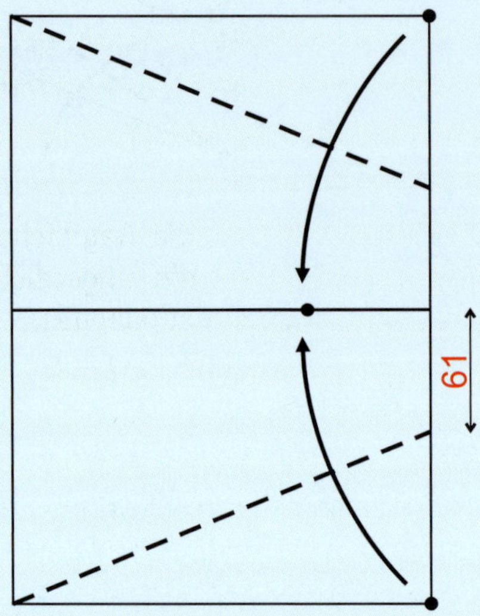

2 Die Ecken über die eingezeichneten Linien zur Mitte falten.

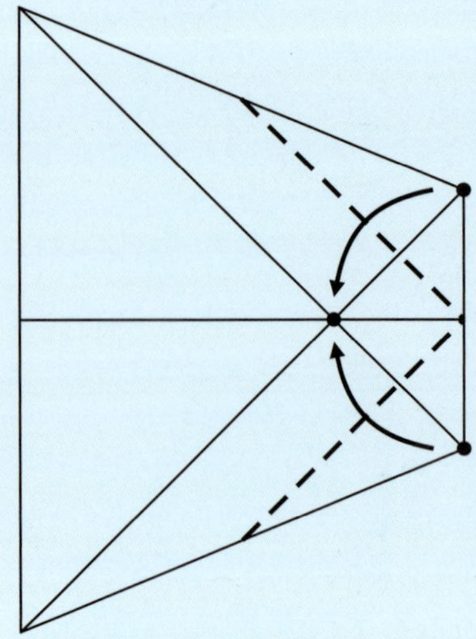

3 Die markierten Ecken zur Mitte falten.

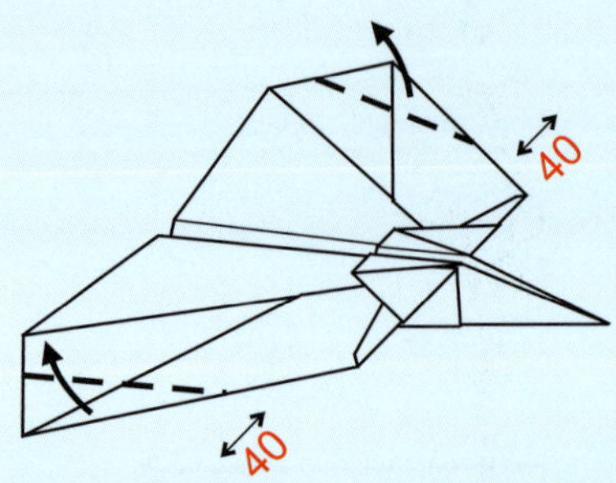

10 Die Seitenstabilisatoren rechtwinklig aufstellen.

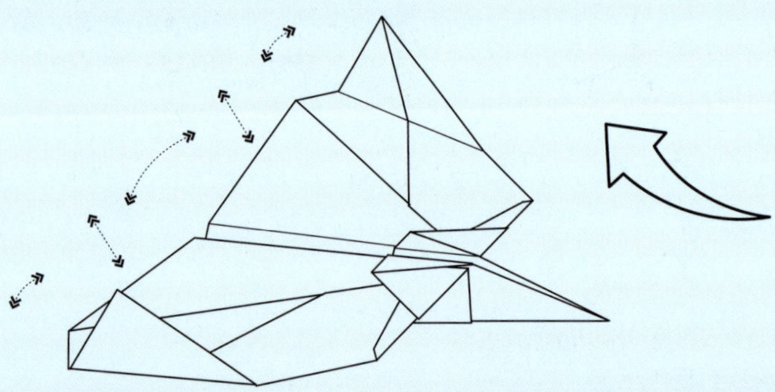

Diesen Flieger mit mittlerem oder mit viel Schwung werfen. In der Regel muss das Höhenruder leicht nach oben gewölbt werden. Bei zu steilem Sinkflug den Flieger stärker werfen oder die Höhenruder leicht nach oben wölben. Bei Wellenflug den Flieger mit weniger Schwung werfen oder die Höhenruder etwas nach unten biegen.

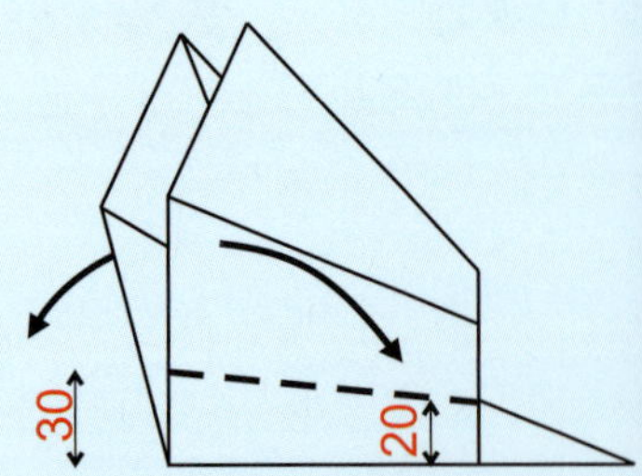

9 Beide Flügel nach unten klappen.

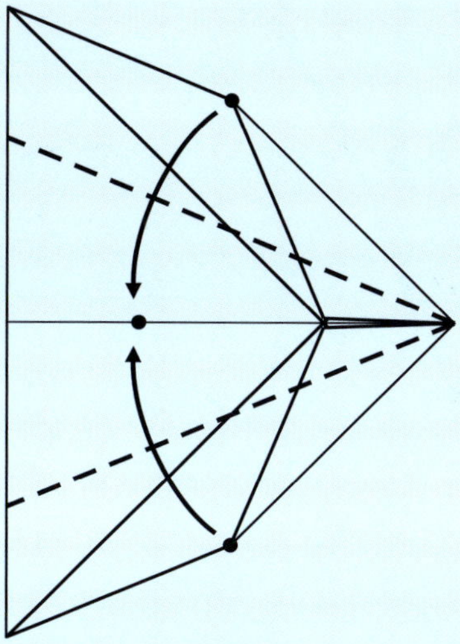

4 Die markierten Punkte zur Mitte falten.

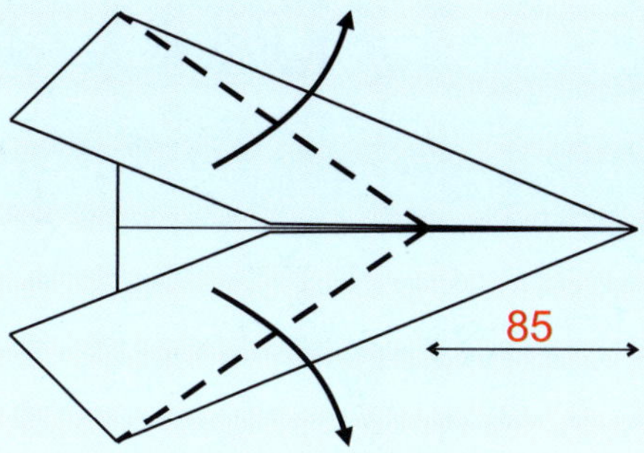

5 Die Tragflächen über die eingezeichneten Linien aufklappen.

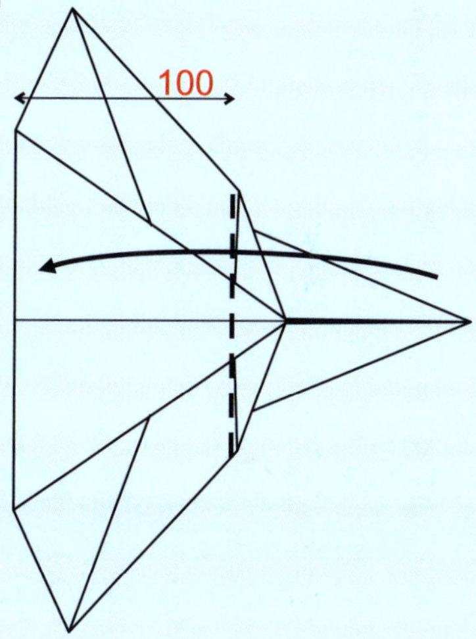

6 Die Spitze über die eingezeichnete Linie nach links falten.

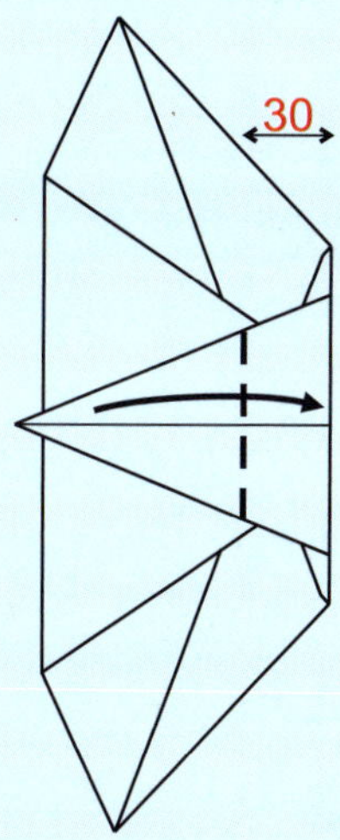

7 Die Spitze wieder nach rechts falten.

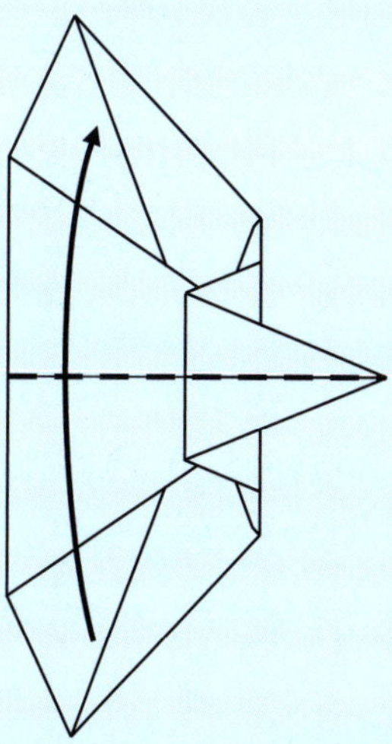

8 Den Flieger zusammenklappen.

Ophiuchi

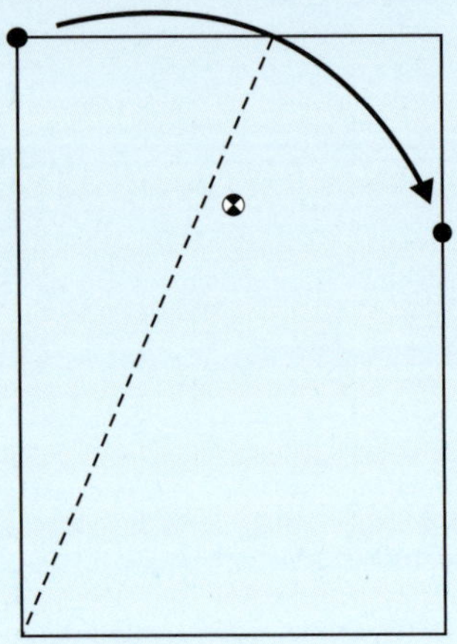

1 Die linke obere Ecke so auf die rechte Kante legen, dass die entstehende Faltlinie durch die untere linke Ecke verläuft.

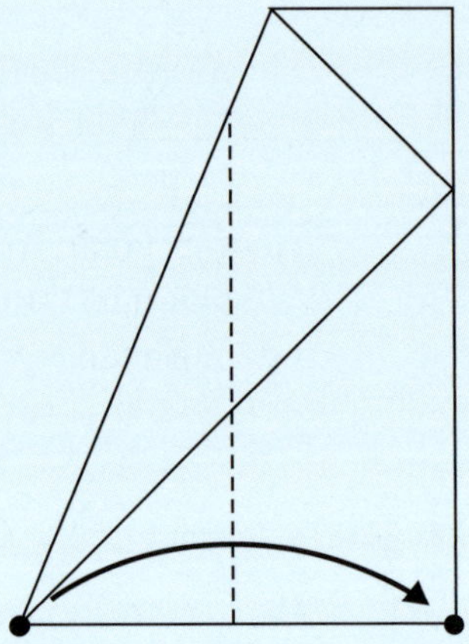

2 Die unteren Ecken übereinander legen und alles wieder entfalten.

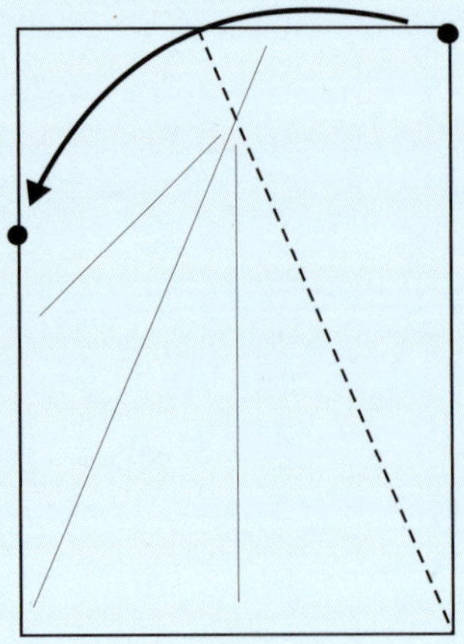

3 Die rechte obere Ecke so auf die linke Kante legen, dass die entstehende Faltlinie durch die untere rechte Ecke verläuft.

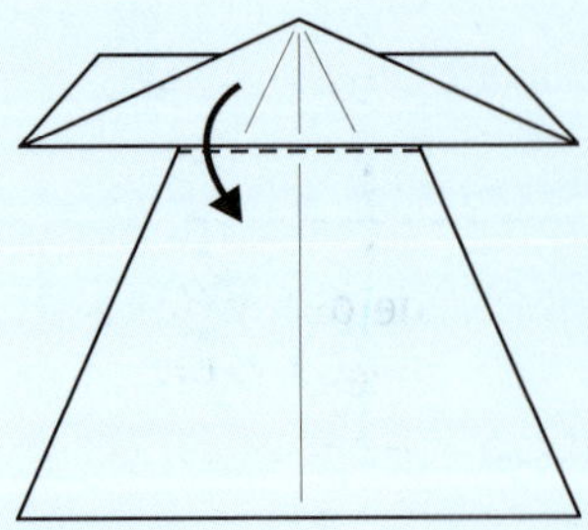

10 Den oberen Teil über die Papierkante nach unten falten.

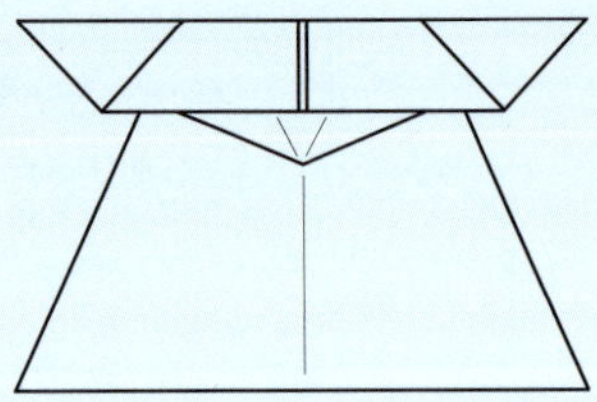

11 Ergebnis von Schritt 10. Den Flieger wenden.

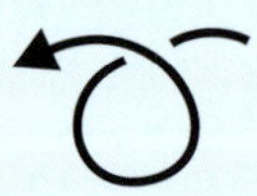

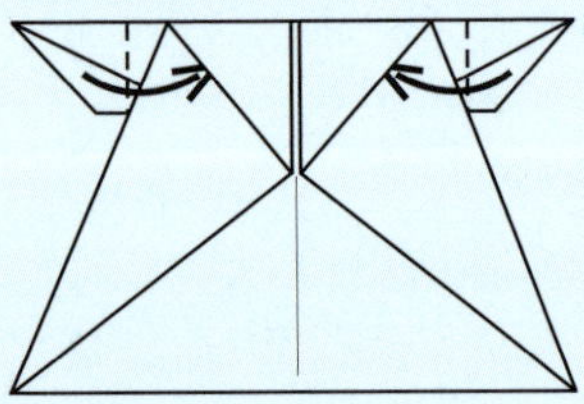

12 Die seitlichen Spitzen knicken und unter die Dreiecke einstecken.

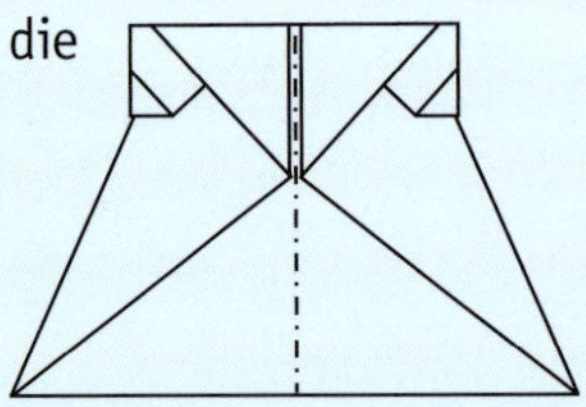

13 Den Flieger an der Mittellinie nach unten zusammenklappen.

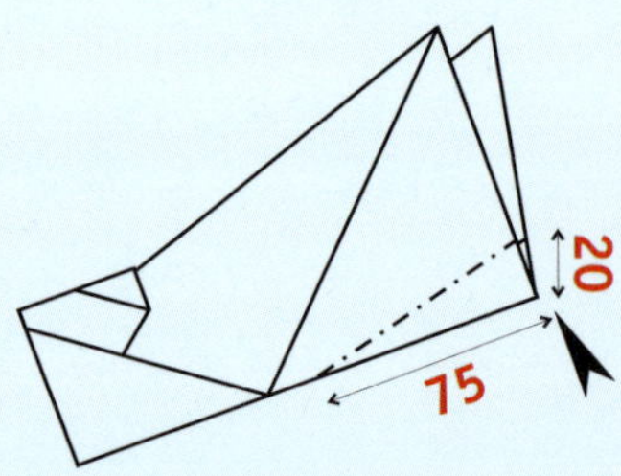

14 Das Seitenleitwerk nach innen falten: einmal nach vorn, einmal nach hinten falten und dann eindrücken.

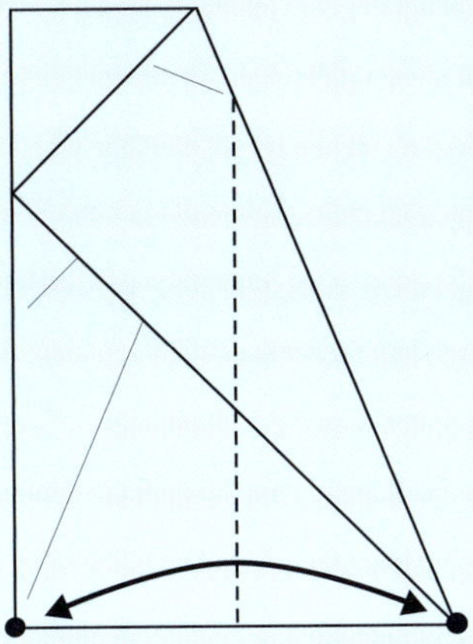

4 Die unteren Ecken übereinander legen und alles wieder entfalten.

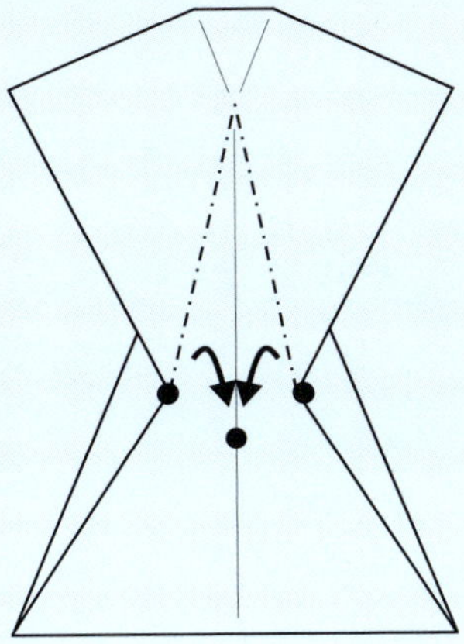

5 Die eingezeichneten Punkte zur Mittellinie legen und die entstandenen Falten nachziehen.

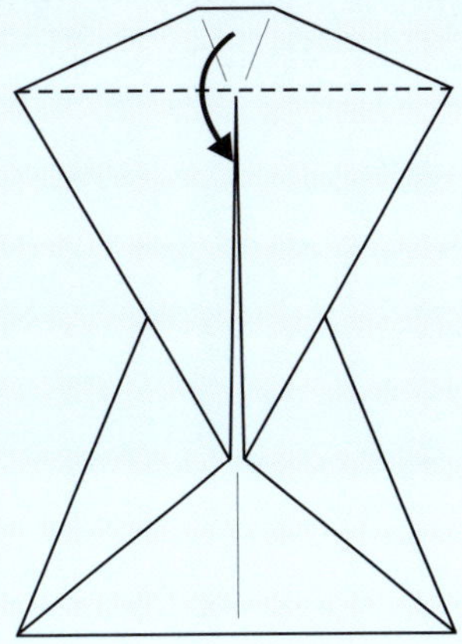

6 Die obere Kante nach unten falten und flach drücken.

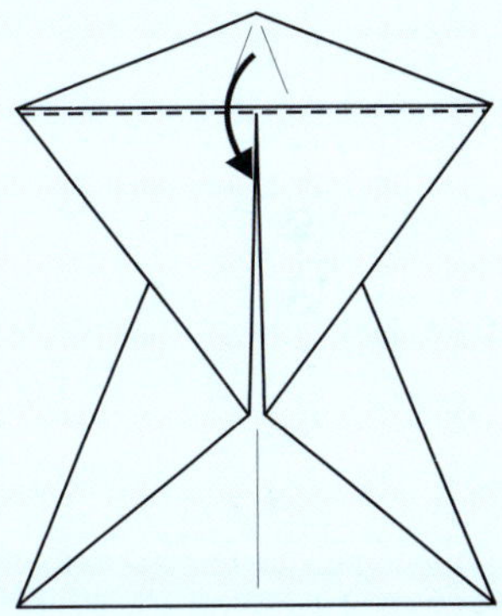

7 Den oberen Teil über die Papierkante nach unten falten.

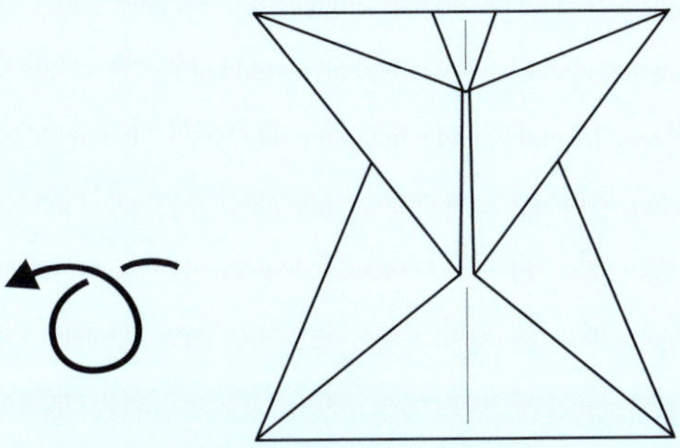

8 Ergebnis von Schritt 7. Den Flieger wenden.

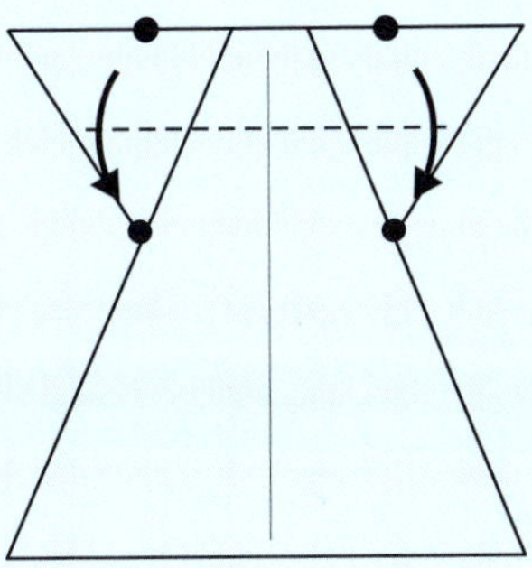

9 Die obere Kante an der eingezeichneten Linie nach unten falten, dabei die Spitze auf der Rückseite nicht knicken.

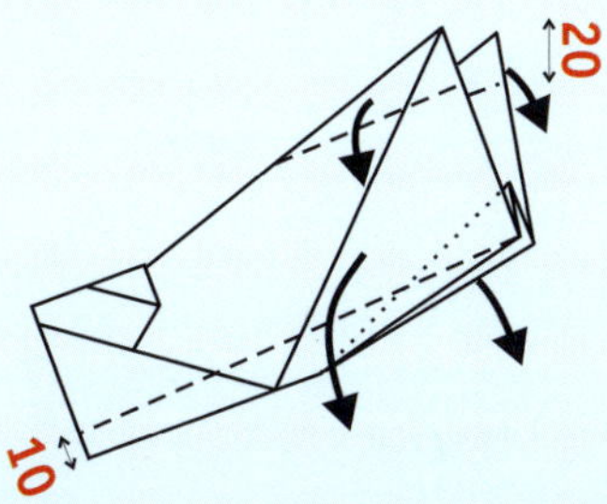

15 Beide Flügel und die Seitenstabilisatoren jeweils an der eingezeichneten, vorgefalzten Linie rechtwinklig nach unten klappen.

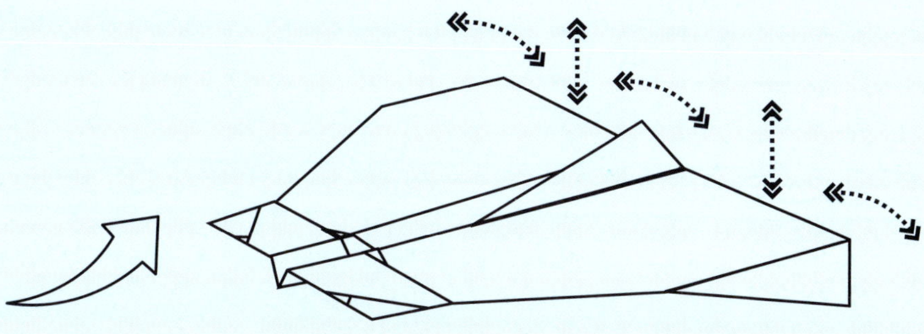

Zusätzlich zu den Lenkmanövern mit Höhenruder und Seitenruder kann mit den Seitenstabilisatoren gelenkt werden.

Möwe

Schwierigkeitsgrad
*

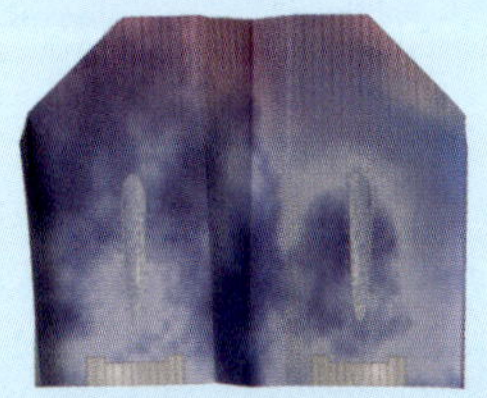
oben

unten

Möwe

Möwe

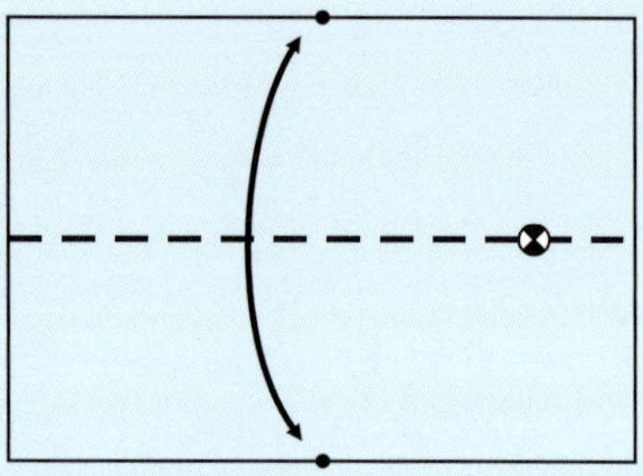

1 Das Blatt in der Mitte falten, wieder öffnen und so hinlegen, dass die Mittelfalte eine Talfalte bildet.

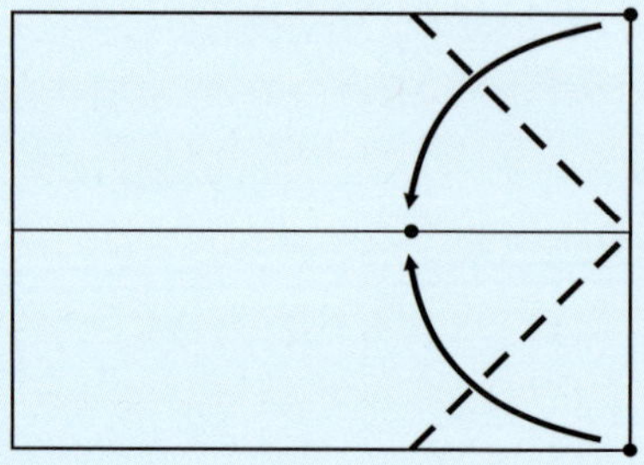

2 Die Ecken zur Mittellinie falten.

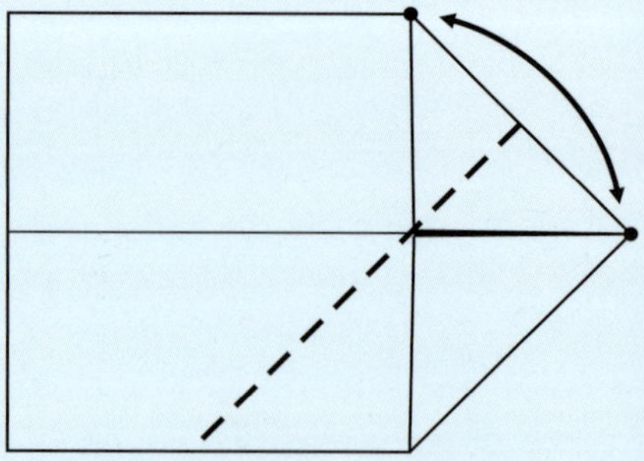

3 Punkt auf Punkt legen und die Faltung wieder öffnen.

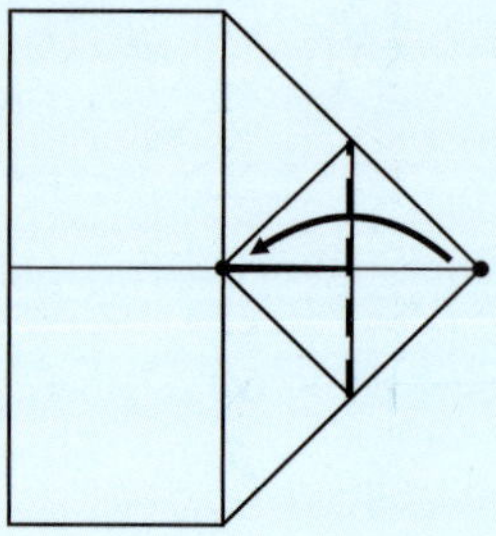

9 Die Spitze über die eingezeichnete Linie nach links falten.

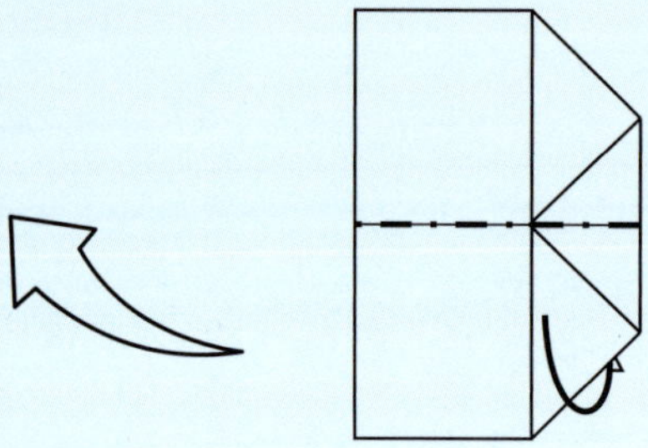

10 Den Flieger nach hinten zusammenklappen.

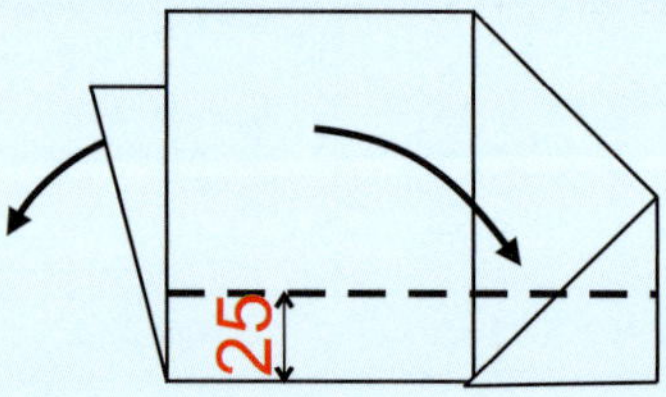

11 Beide Flügel an den eingezeichneten Linien nach unten klappen.

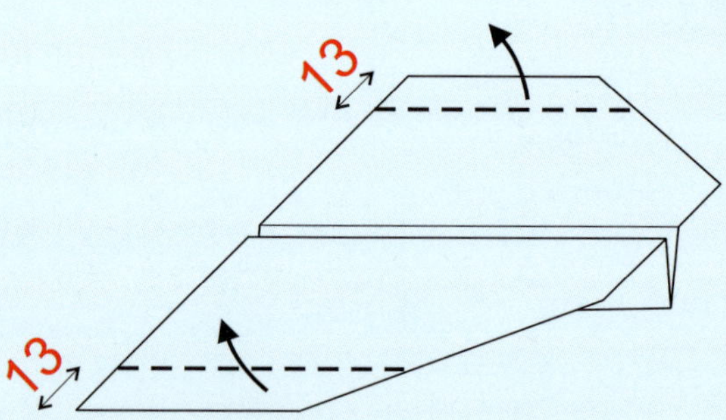

12 Die Seitenstabilisatoren an den eingezeichneten Linien rechtwinklig aufstellen.

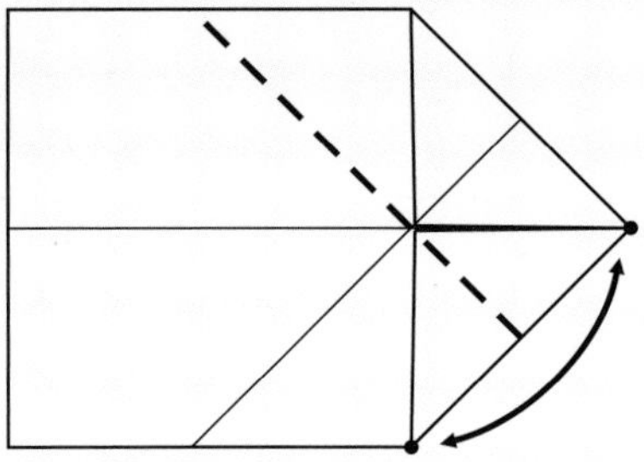

4 Punkt auf Punkt legen. Die Faltung anschließend wieder öffnen.

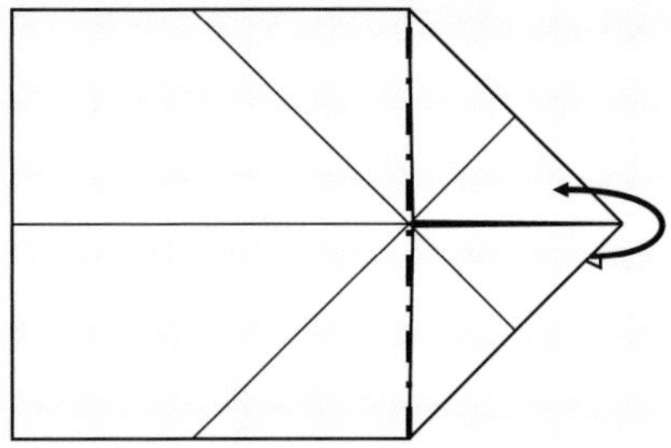

5 Die Fliegerspitze nach hinten klappen und wieder zurücklegen.

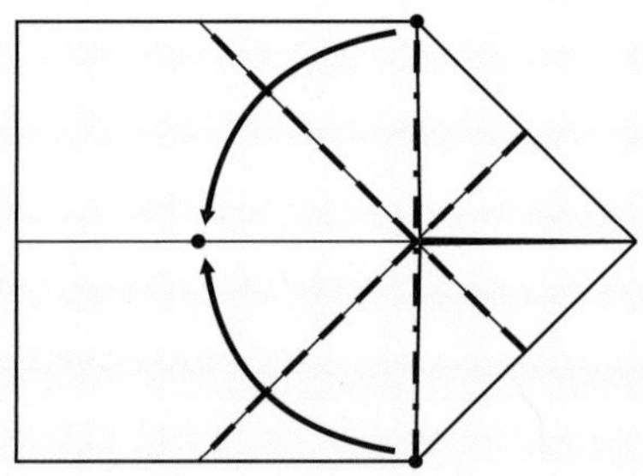

6 Die markierten Ecken zur Mitte falten.

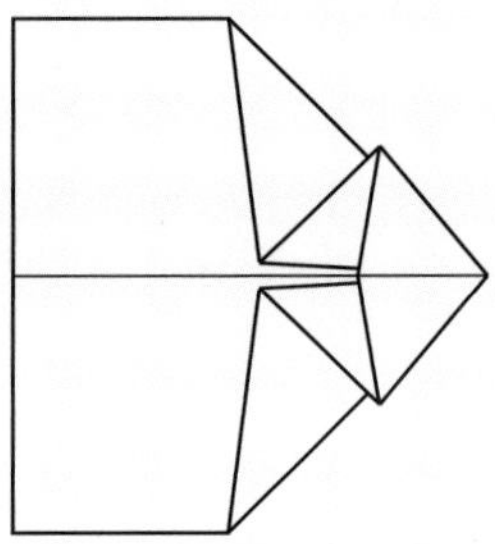

7 Ergebnis von Schritt 6. Flach drücken.

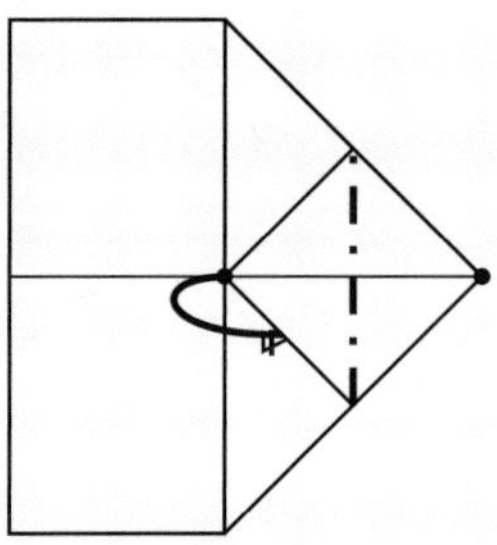

8 Die oben liegende Spitze an der eingezeichneten Linie nach innen einstecken.

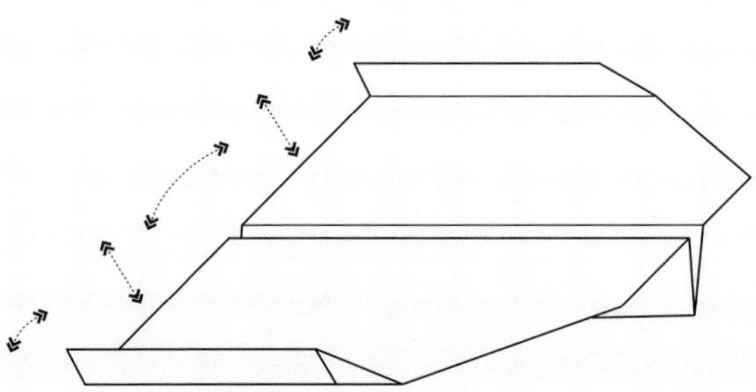

Den Flieger mit mittlerem Schwung werfen. Bei zu steilem Sinkflug den Flieger stärker werfen oder die Höhenruder leicht nach oben wölben. Bei Wellenflug den Flieger mit weniger Schwung werfen oder die Höhenruder entsprechend etwas nach unten biegen.

Sirius

Schwierigkeitsgrad
*

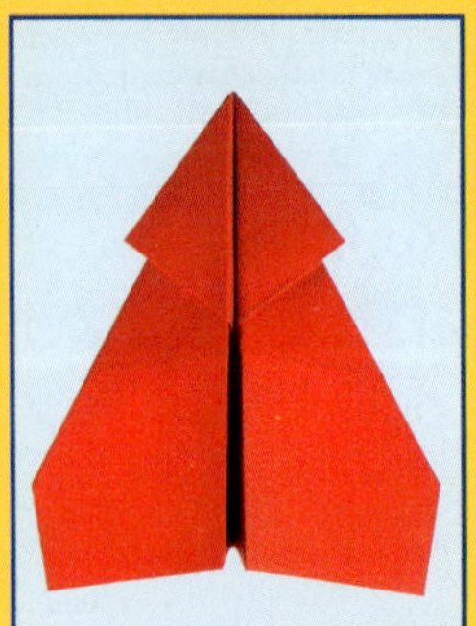

oben

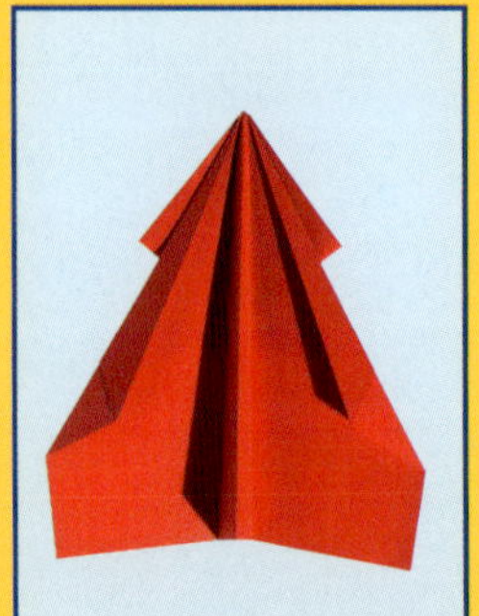

unten

Sirius

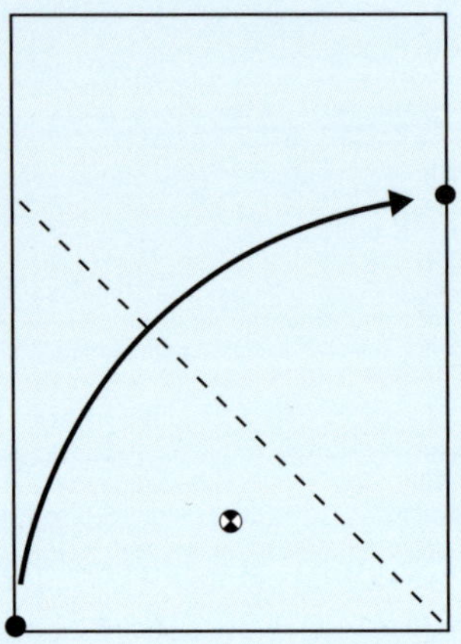

1 Die linke untere Ecke über die eingezeichnete Linie schräg nach oben falten.

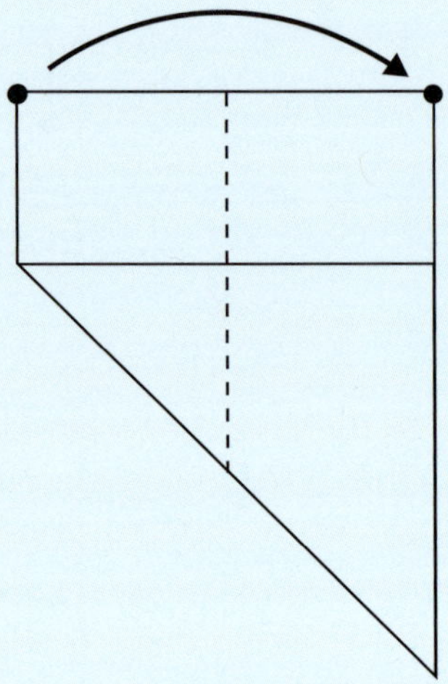

2 Die beiden oberen Ecken übereinander legen, falten und alles entfalten.

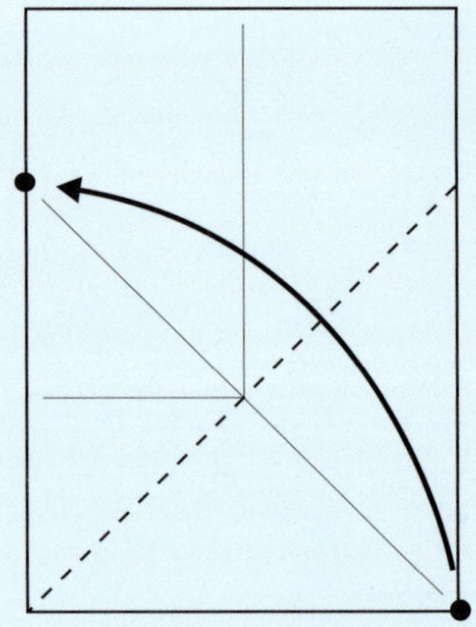

3 Die rechte untere Ecke über die eingezeichnete Linie schräg nach oben falten.

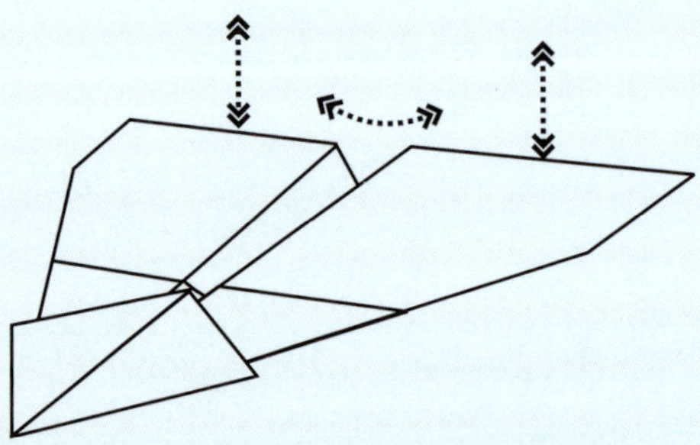

Bei zu steilem Sinkflug den Flieger stärker werfen oder die Höhenruder leicht nach oben wölben (eine minimale Wölbung kann ausreichen). Bei Wellenflug den Flieger mit weniger Schwung werfen oder die Höhenruder ein wenig nach unten biegen.

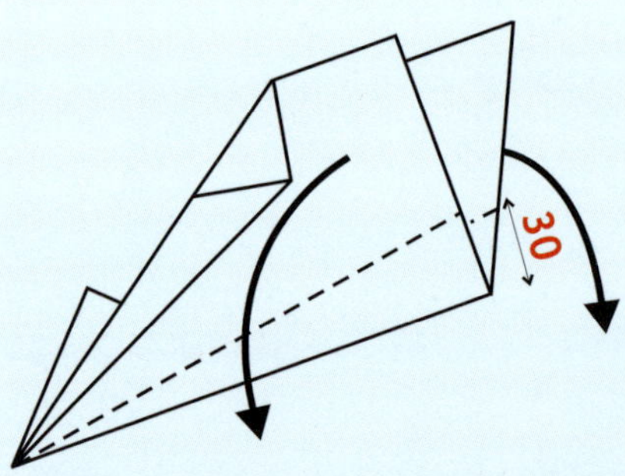

9 Beide Flügel jeweils an der eingezeichneten, vorgefalzten Linie nach unten klappen.

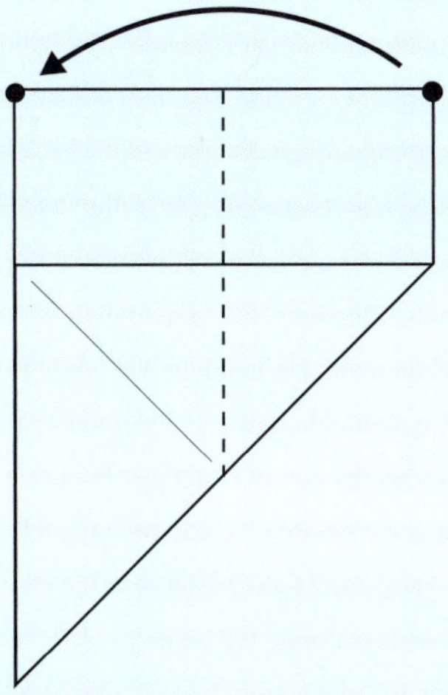

4 Die beiden oberen Ecken übereinander legen, falten und alles entfalten.

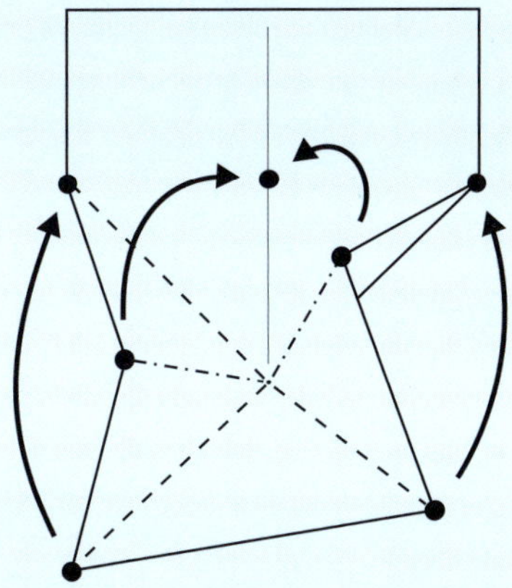

5 Die eingezeichneten Punkte zur Mittellinie legen und die entstandenen Falten nachziehen.

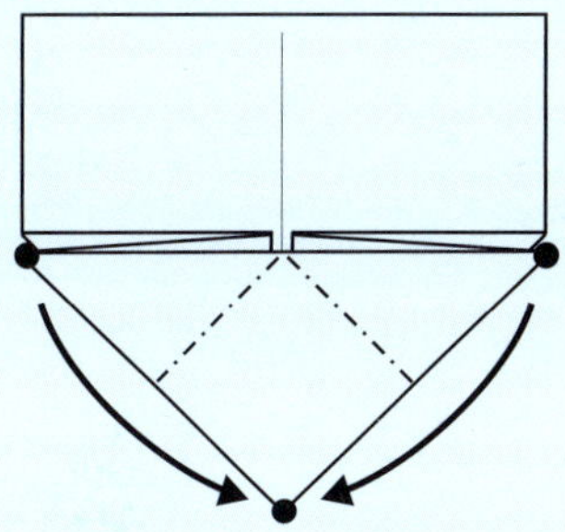

6 Die seitlichen Spitzen nach innen falten, dabei die markierten Punkte übereinander legen.

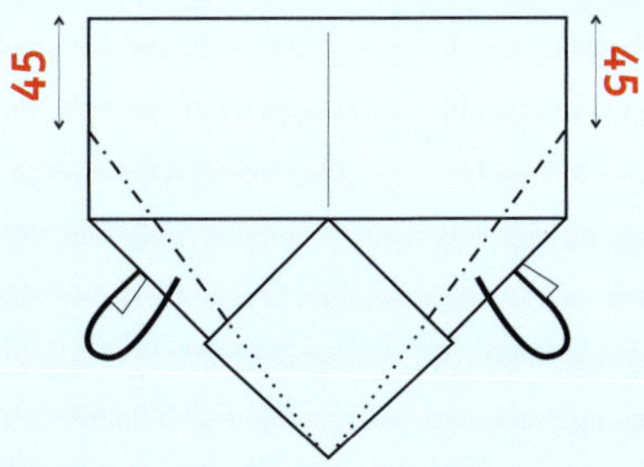

7 Die Flügel nach hinten falten (nur untere Papierlage).

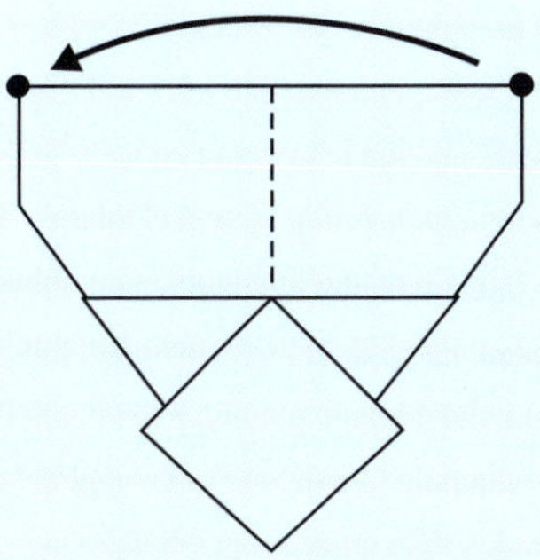

8 Den Flieger zusammenklappen.

Flamingo

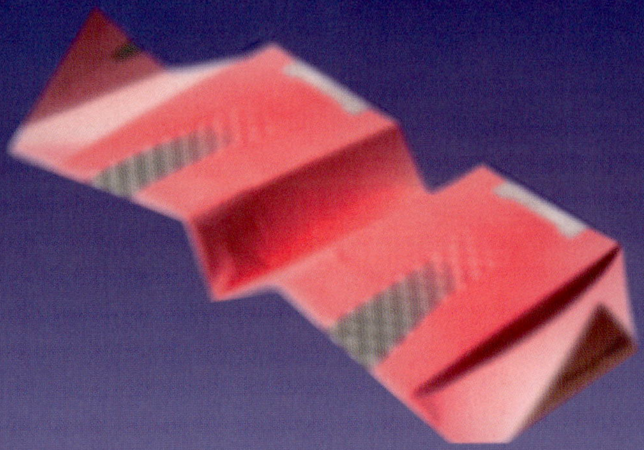

Schwierigkeitsgrad
**

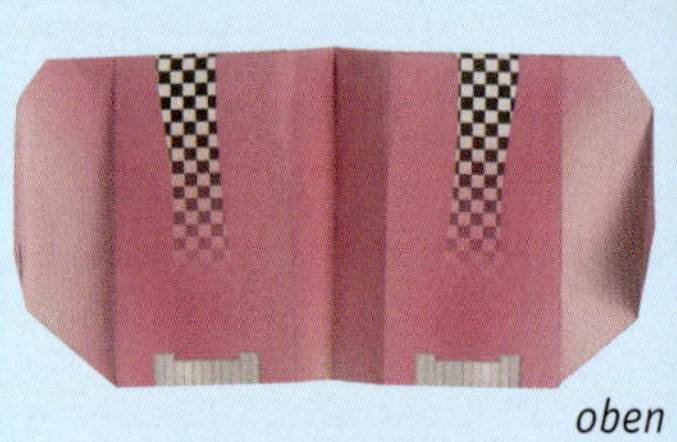
oben

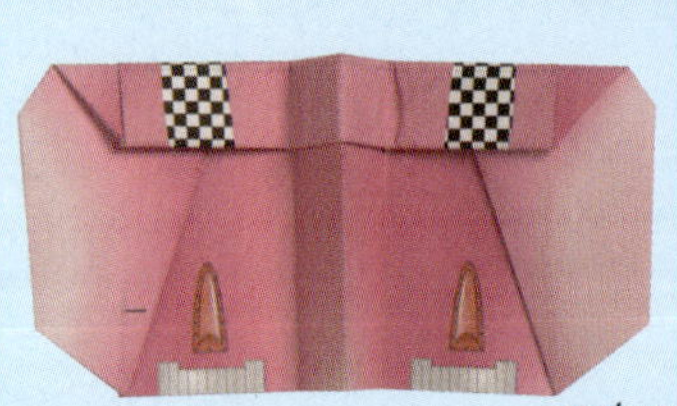
unten

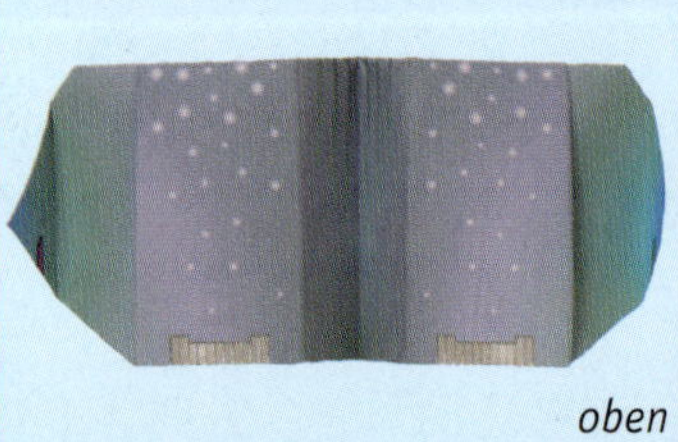
oben

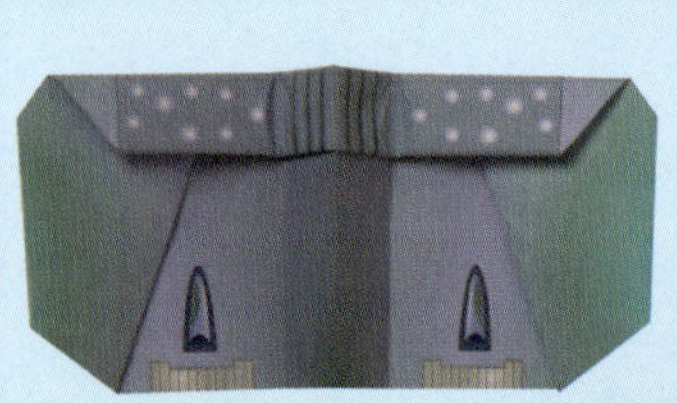
unten

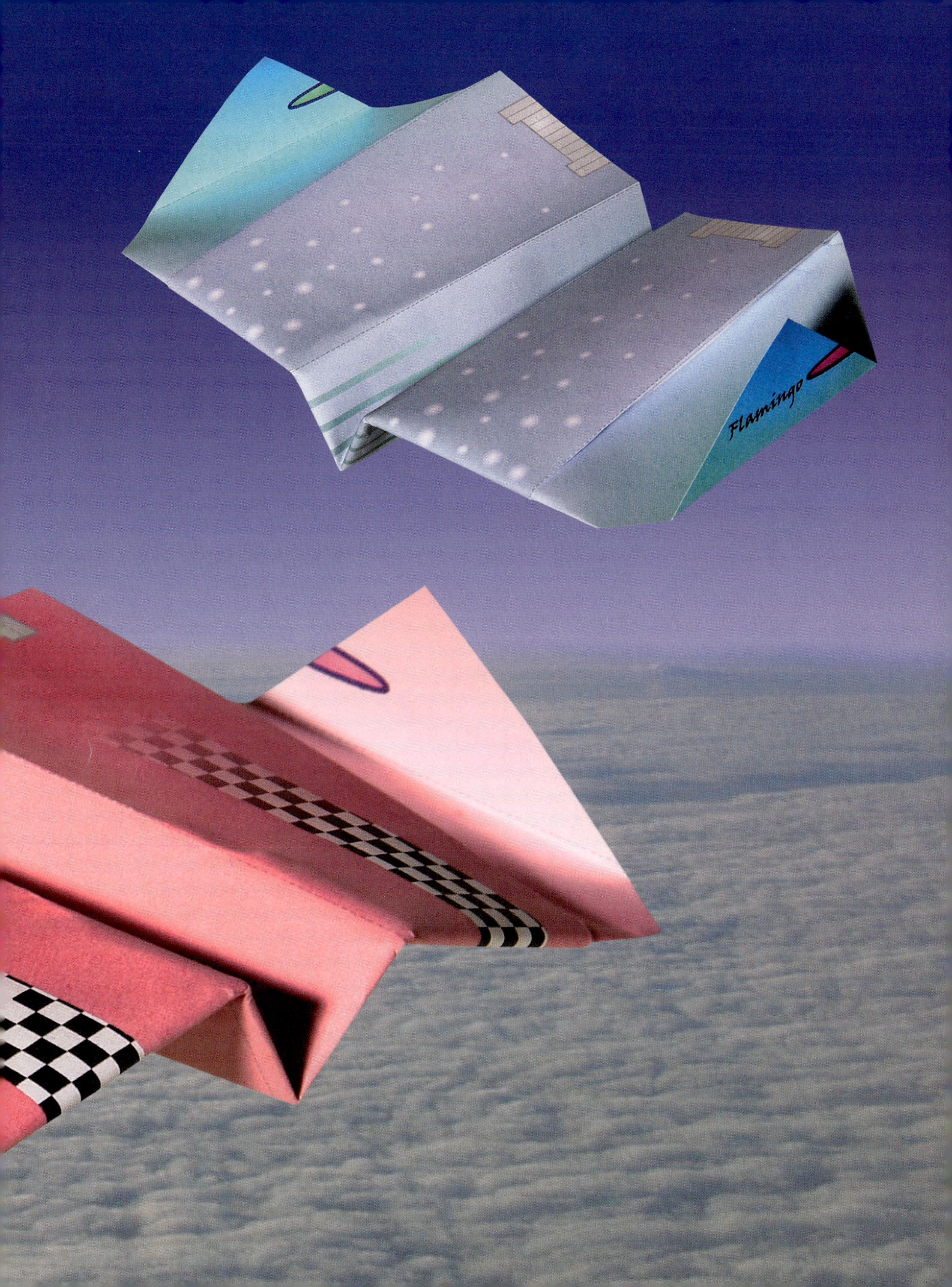
Flamingo

Flamingo

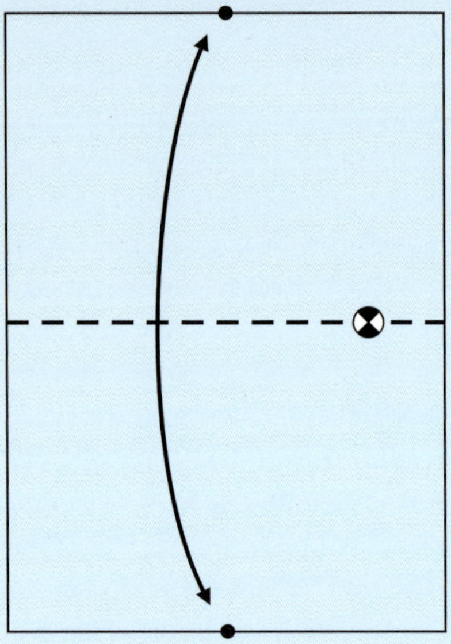

1 Das Blatt in der Mitte falten, wieder öffnen und so hinlegen, dass die Mittelfalte eine Talfalte bildet.

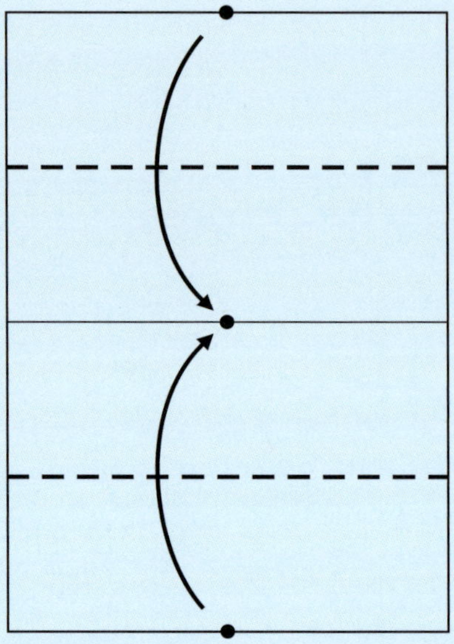

2 Die außen liegenden Punkte zur Mittellinie falten.

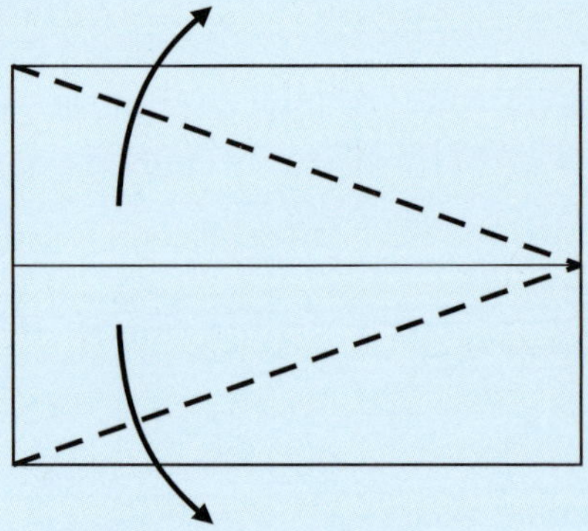

3 Die innen liegenden Dreiecke über die eingezeichneten Linien jeweils nach außen falten.

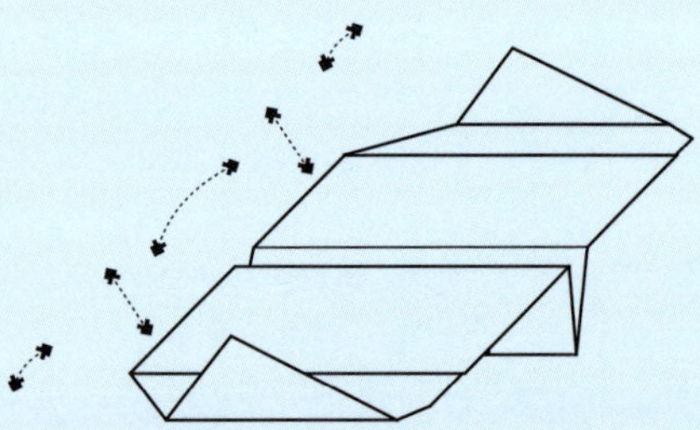

Diesen Flieger mit mittlerem oder viel Schwung werfen. Bei steilem Sinkflug die Höhenruder leicht nach oben wölben. Bei Wellenflug die Höhenruder etwas nach unten biegen.

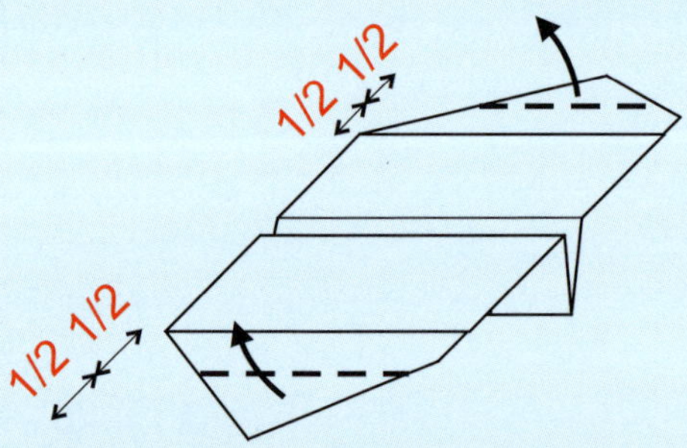

10 Die Seitenstabilisatoren an den eingezeichneten Linien rechtwinklig aufstellen.

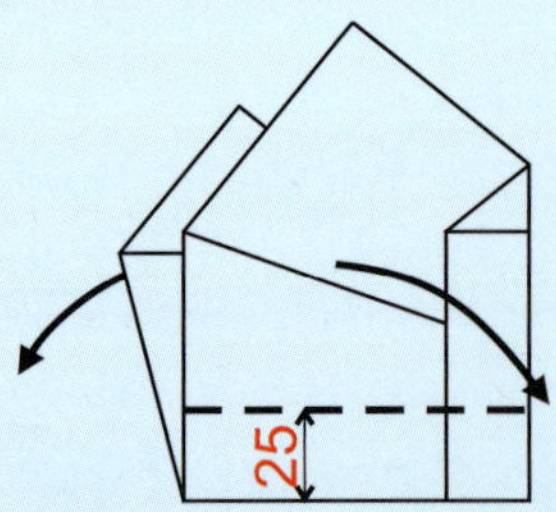

9 Beide Flügel jeweils an der eingezeichneten Linie nach unten klappen.

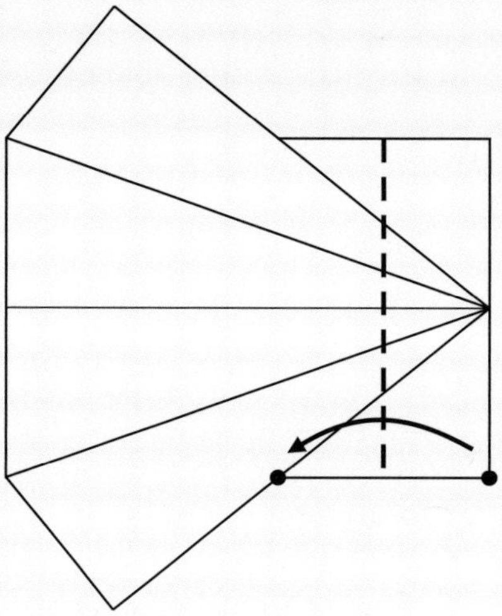

4 Punkt auf Punkt legen.

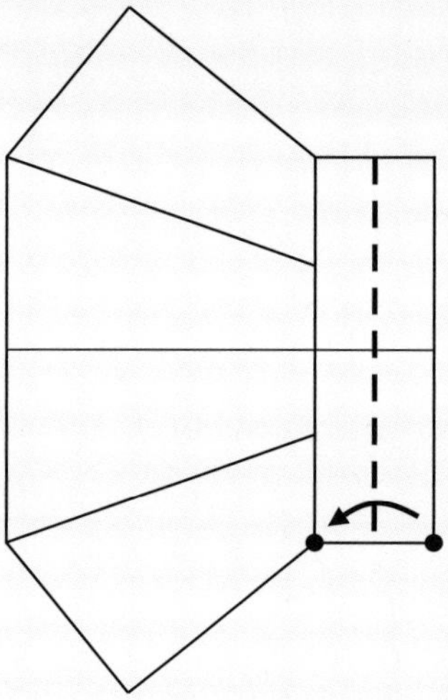

5 Über die eingezeichnete Linie falten.

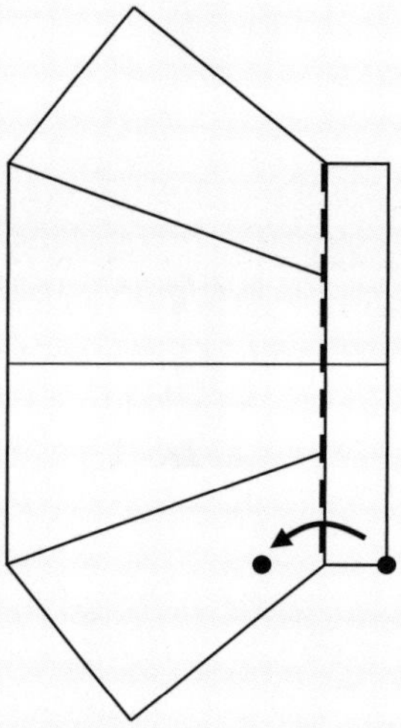

6 Punkt auf Punkt legen.

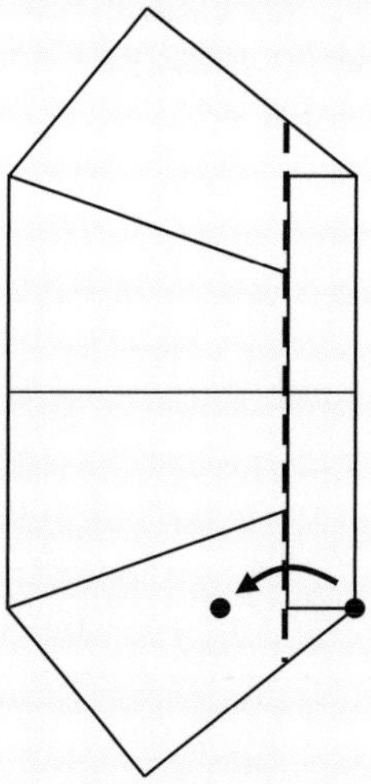

7 Über die eingezeichnete Linie falten.

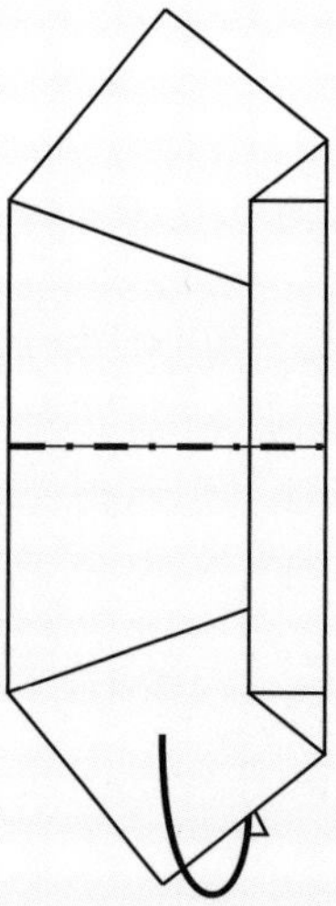

8 Den Flieger nach hinten zusammenklappen.

Ras Algethi

Schwierigkeitsgrad
**

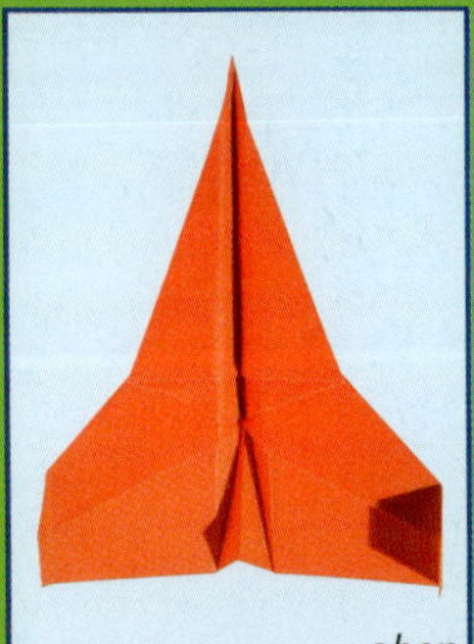
oben

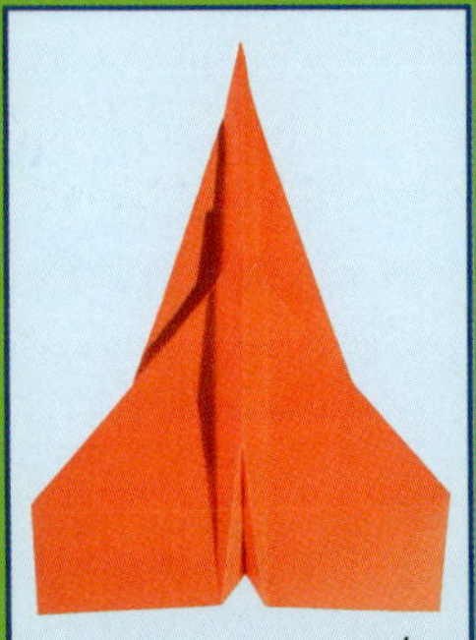
unten

Ras Algethi

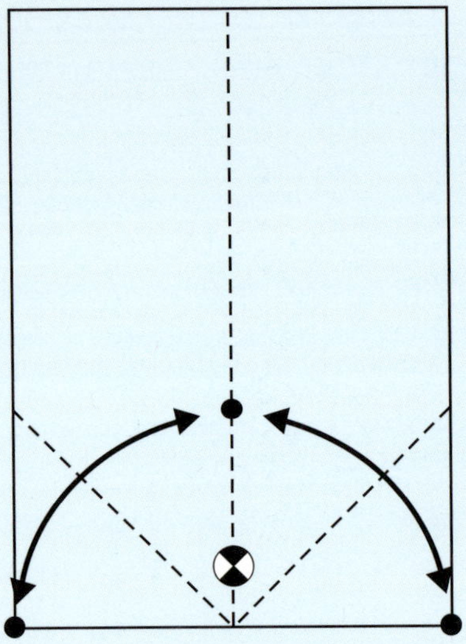

1 Das Blatt in der Mitte falten und wieder öffnen. Die unteren Ecken zur Mittellinie falten.

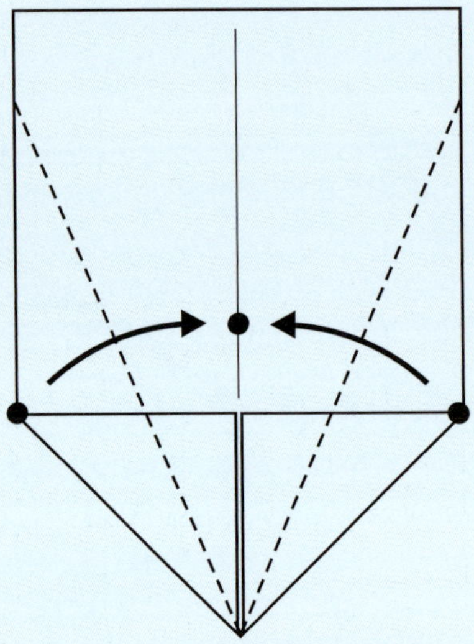

2 Die markierten Ecken zur Mittellinie falten.

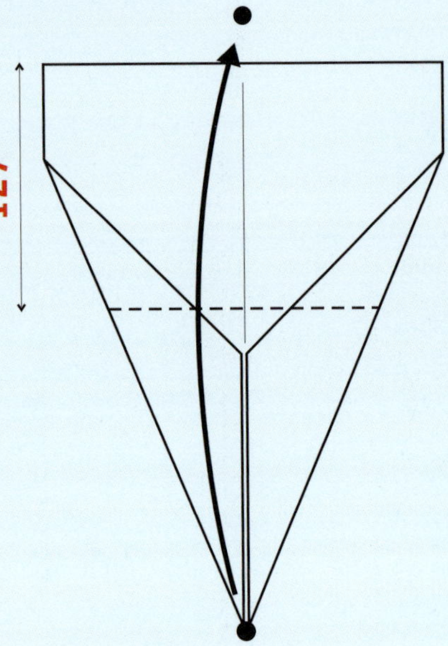

3 Die Spitze nach oben falten.

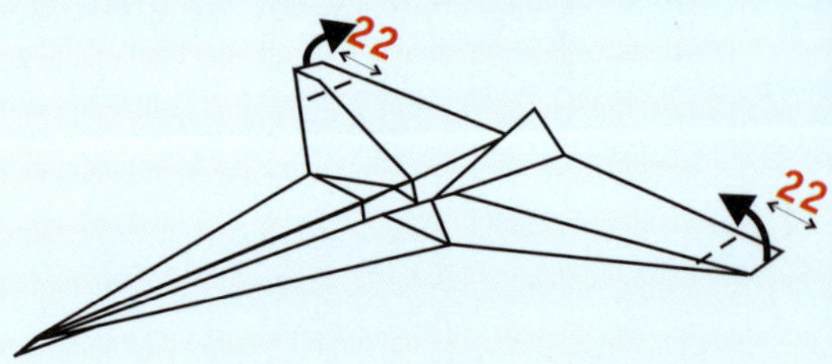

10 Die Seitenstabilisatoren jeweils an der eingezeichneten, vorgefalzten Linie rechtwinklig aufstellen.

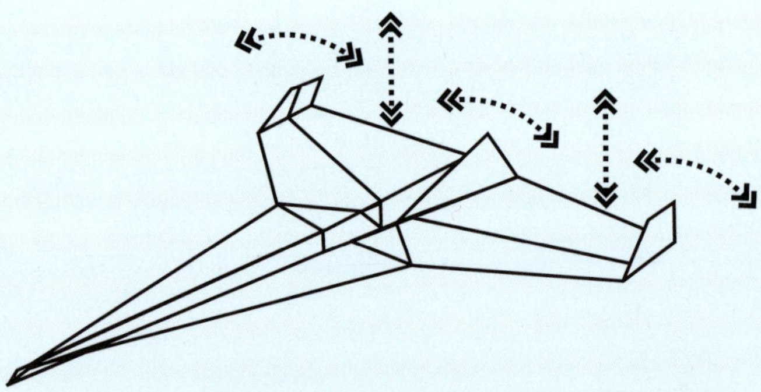

Zusätzlich zu den Lenkmanövern mit Höhenruder und Seitenruder kann mit den Seitenstabilisatoren gelenkt werden.

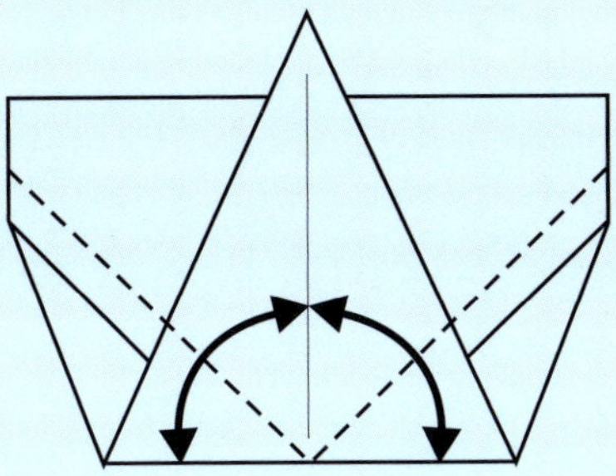

4 Rechte und linke Seite der unteren Kante zur Mitte falten und wieder öffnen. Ebenso nach hinten falten und wieder öffnen.

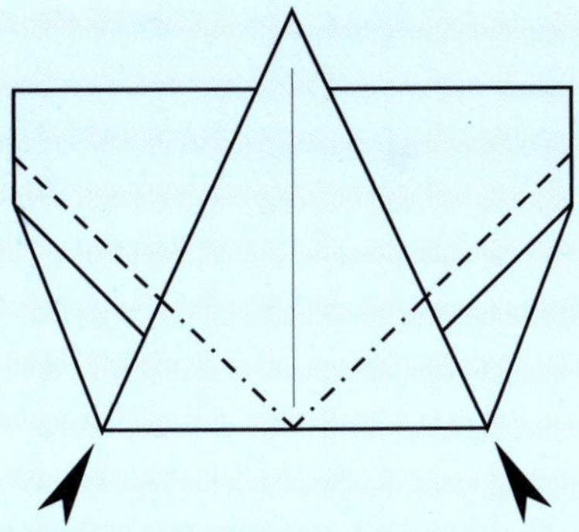

5 Die beiden unteren Ecken nach innen drücken.

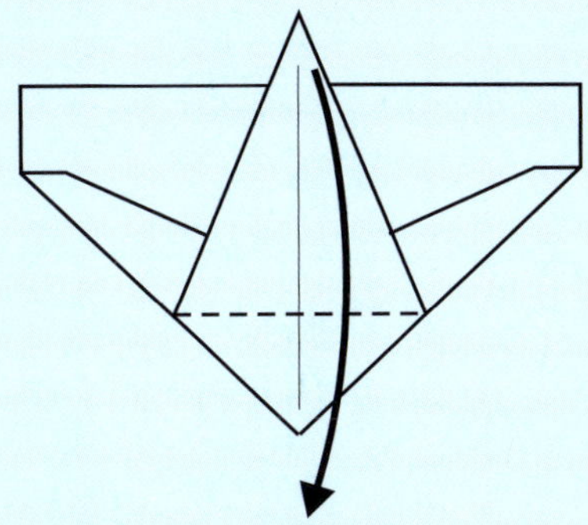

6 Die Spitze nach unten falten.

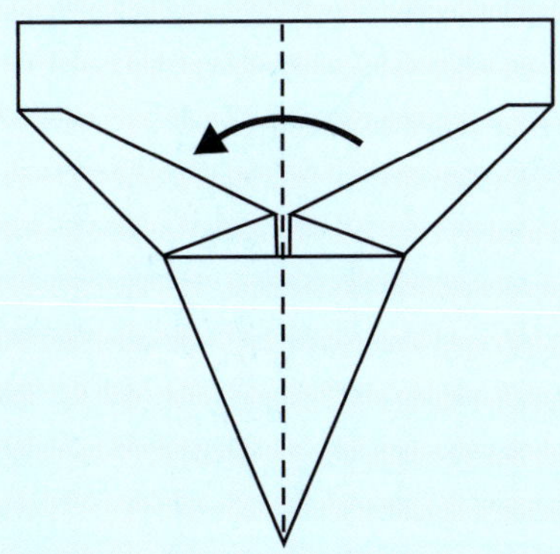

7 Den Flieger zusammenklappen.

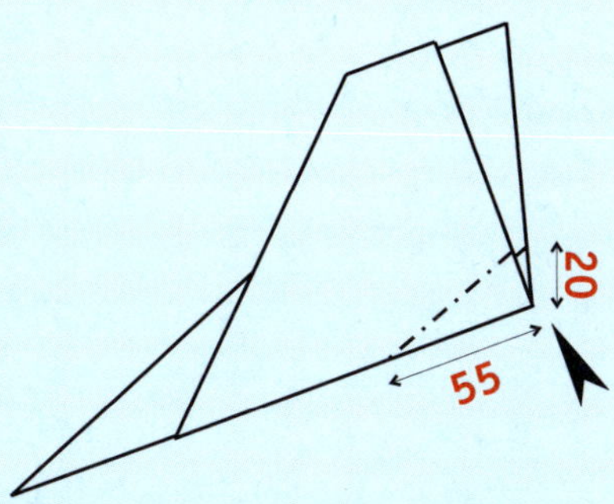

8 Das Seitenleitwerk nach innen falten: einmal nach vorn, einmal nach hinten falten und dann eindrücken.

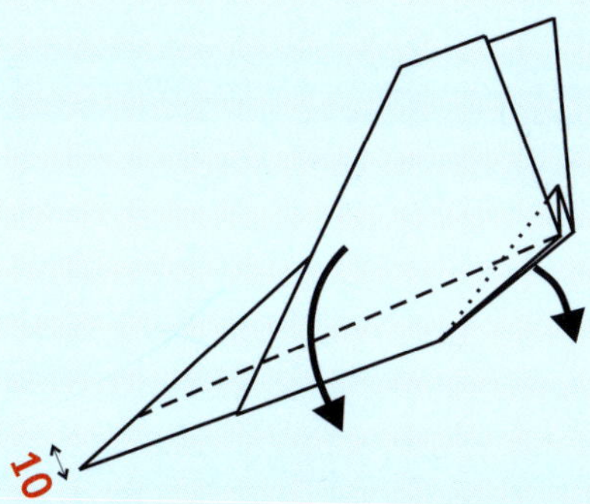

9 Beide Flügel jeweils an der eingezeichneten, vorgefalzten Linie nach unten klappen.

Antares

Schwierigkeitsgrad
* * *

oben

unten

Antares

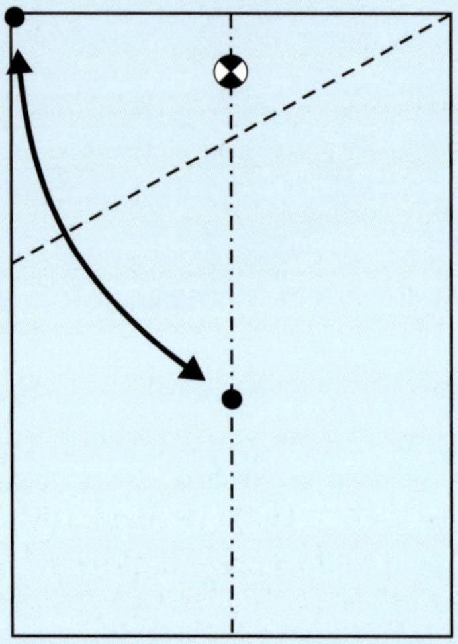

1 Das Blatt in der Mitte falten, wieder öffnen und wenden: Die Mittelfalte bildet eine Bergfalte. Die obere linke Ecke so auf die Mittellinie legen, dass die Faltlinie durch die rechte obere Ecke verläuft. Alles wieder öffnen.

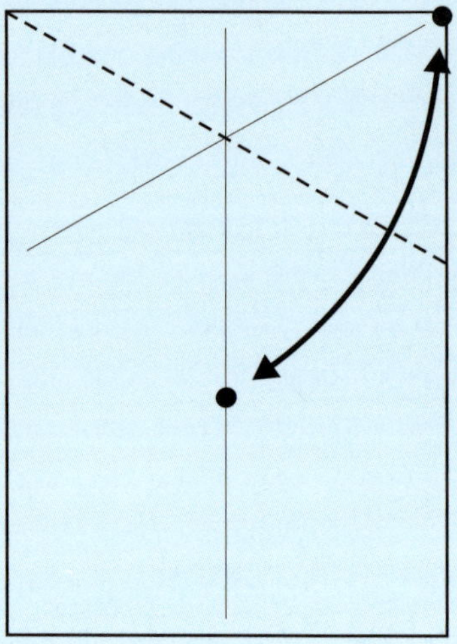

2 Die obere rechte Ecke zur Mittellinie falten und wieder entfalten. Das Blatt wenden.

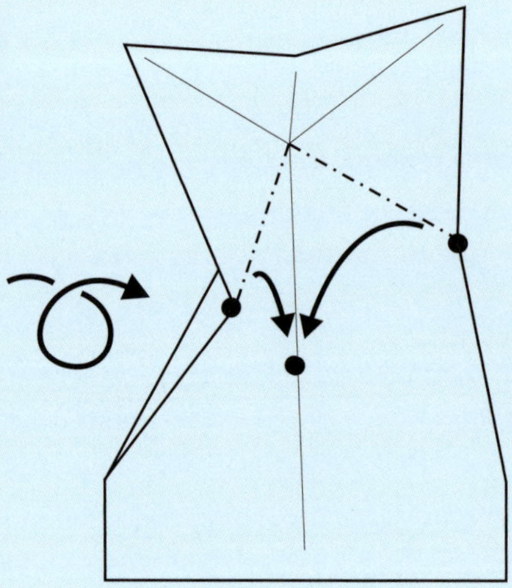

3 Die eingezeichneten Punkte zur Mittellinie legen und die entstandenen Falten nachziehen.

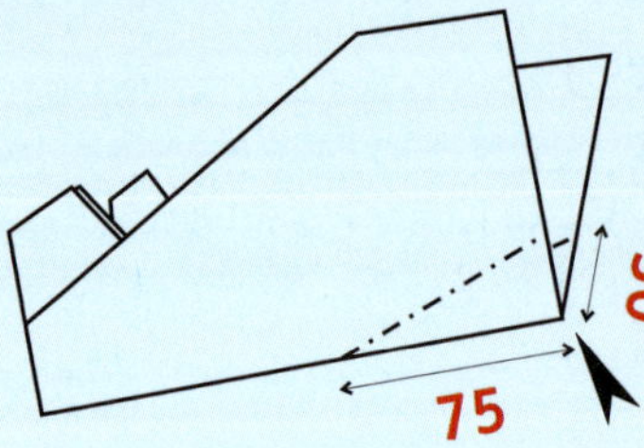

9 Das Seitenleitwerk nach innen falten: einmal nach vorn, einmal nach hinten falten und eindrücken.

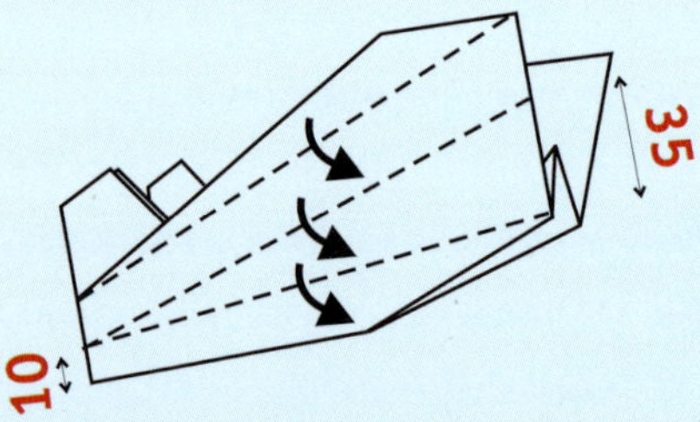

10 Beide Flügel jeweils an den eingezeichneten Linien nach unten falten.

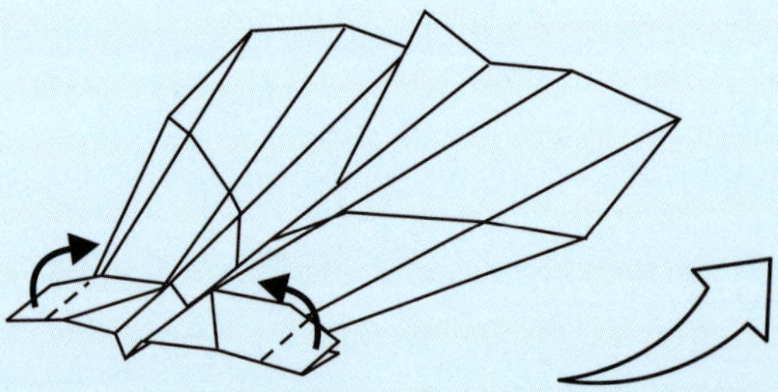

11 Frontstabilisatoren senkrecht nach oben falten.

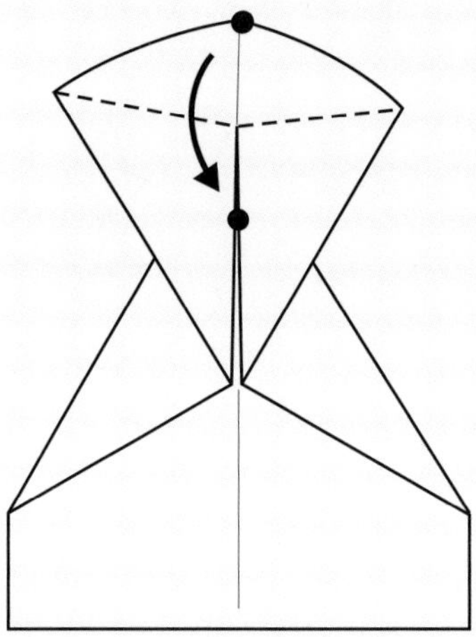

4 Die markierten Punkte übereinander legen. Die Faltarbeit flach drücken.

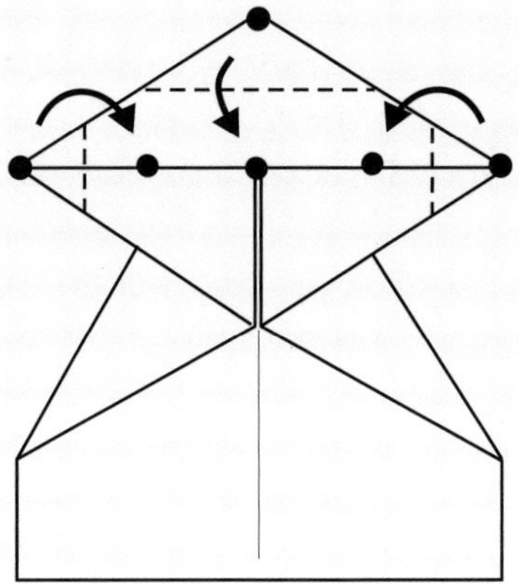

5 Die obere Spitze sowie die seitlichen Spitzen umlegen.

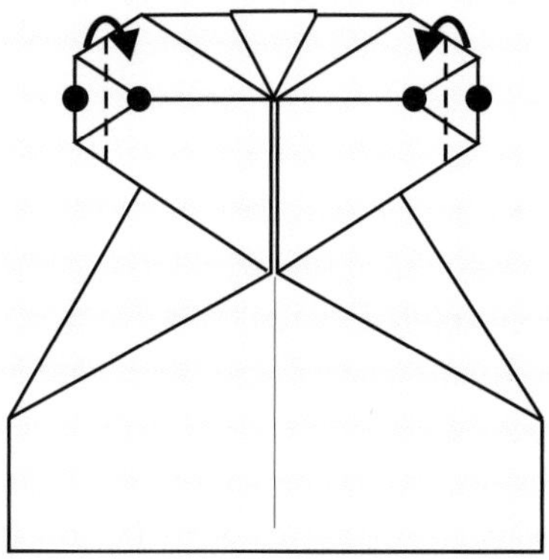

6 Seitliche Kanten so falten, dass jeweils die Bruchkante über der Spitze liegt.

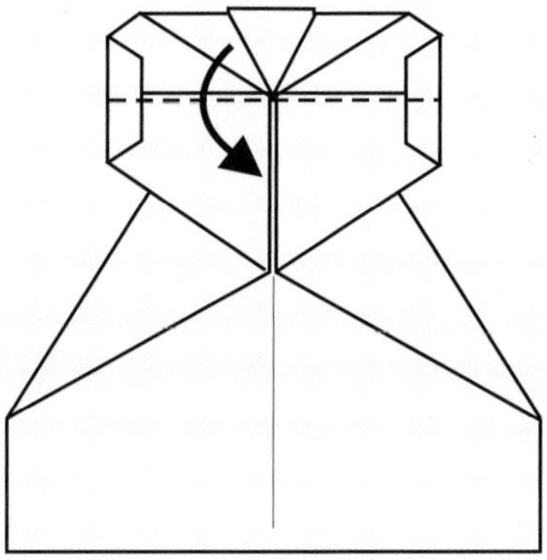

7 Den oberen Teil über die Papierkante nach unten falten.

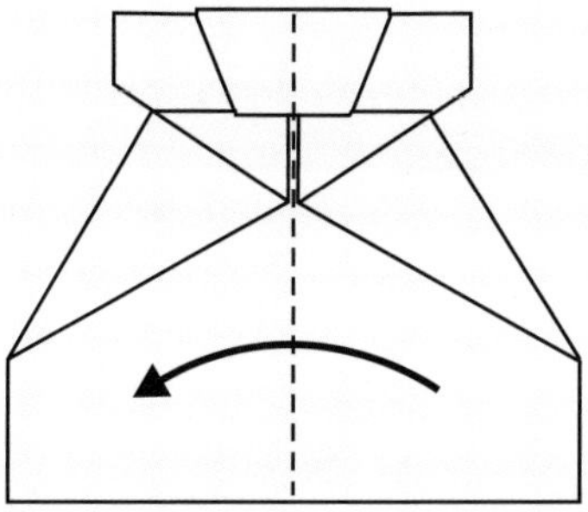

8 Den Flieger zusammenklappen.

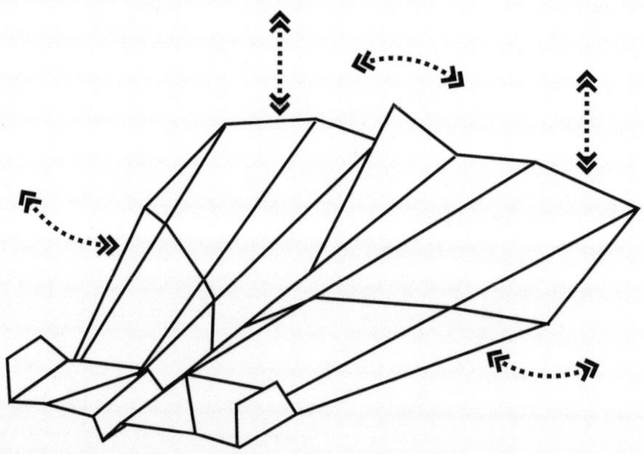

Zusätzlich zu den Lenkmanövern mit Höhenruder und Seitenruder kann mit den Seitenstabilisatoren gelenkt werden.

Schwalbe

Schwierigkeitsgrad
***

oben

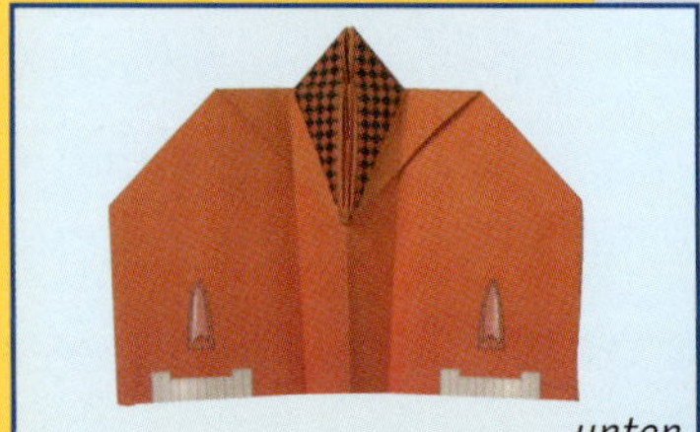
unten

Schwalbe

Schwalbe

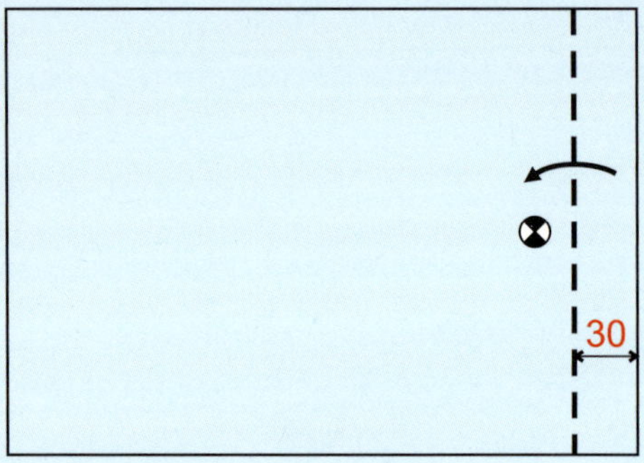

1 Die rechte Blattseite über die eingezeichnete Linie nach links falten.

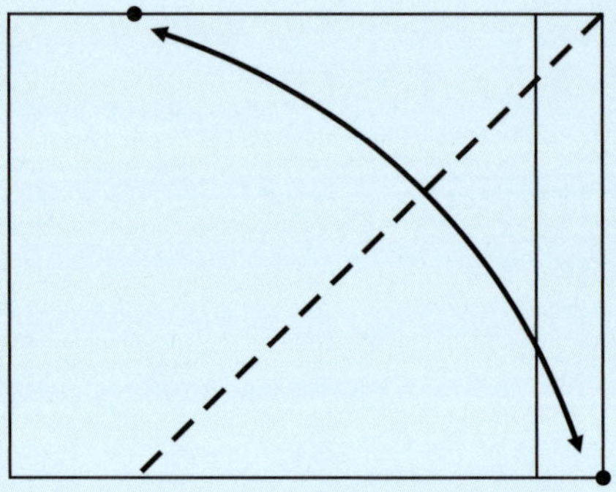

2 Die rechte untere Ecke über die eingezeichnete Linie schräg nach oben falten und wieder öffnen.

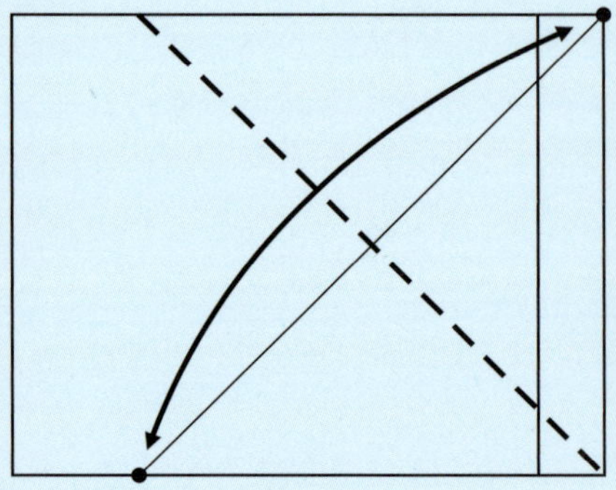

3 Die rechte obere Ecke über die eingezeichnete Linie schräg nach unten falten und wieder öffnen.

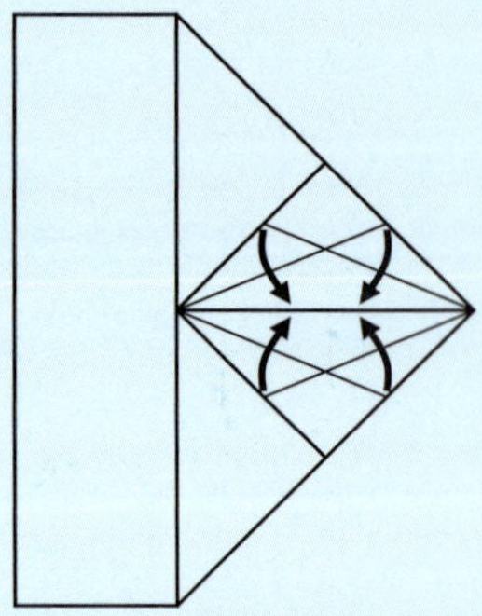

10 Die Blattkanten zur Mitte legen.

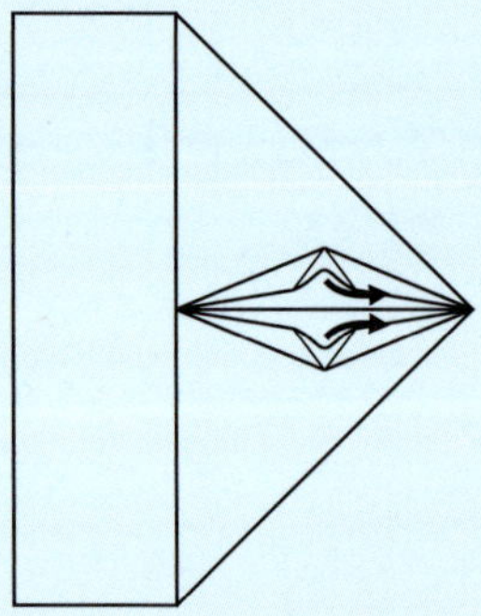

11 Die stehende Spitze nach vorne drücken.

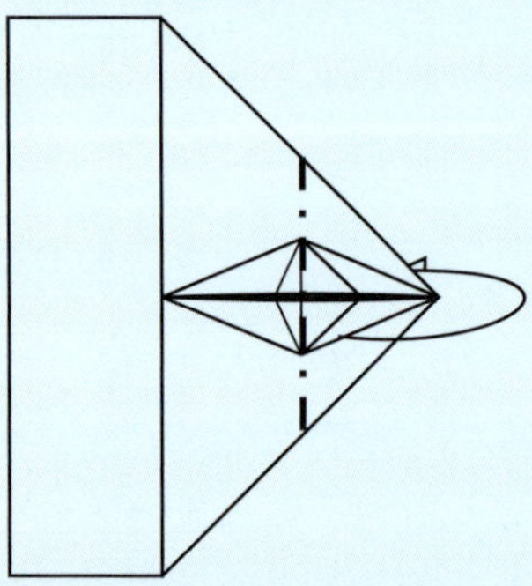

12 Die zuunterst liegende Spitze über die eingezeichnete Linie nach hinten falten. Die oben liegende Spitze nicht mitfalten.

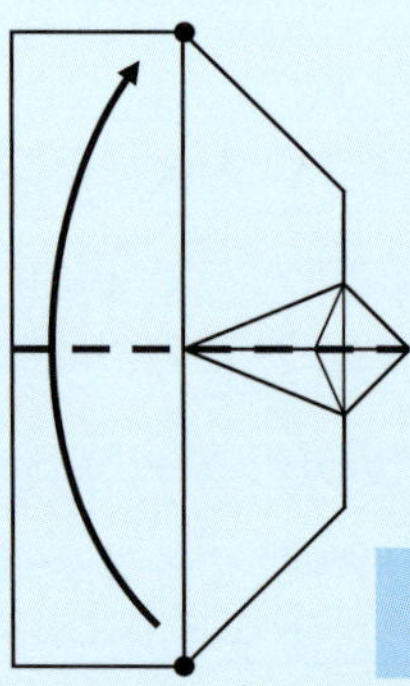

13 Den Flieger zusammenklappen.

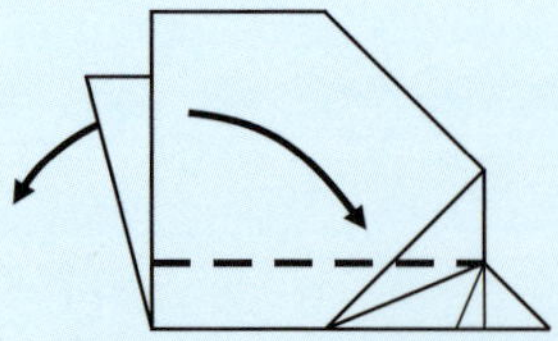

14 Beide Flügel nach unten falten.

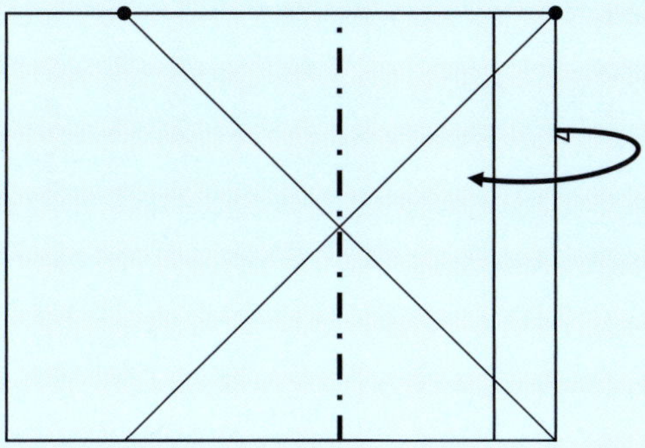

4 Die rechte Blattkante über die eingezeichnete Linie nach unten falten und wieder zurücklegen.

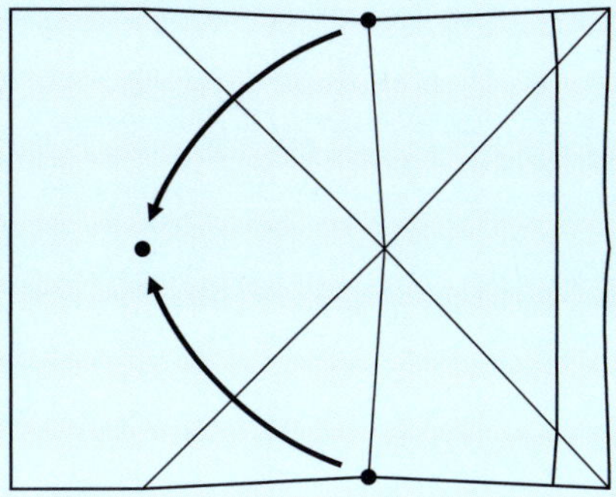

5 Die eingezeichneten Punkte zur Mittellinie legen.

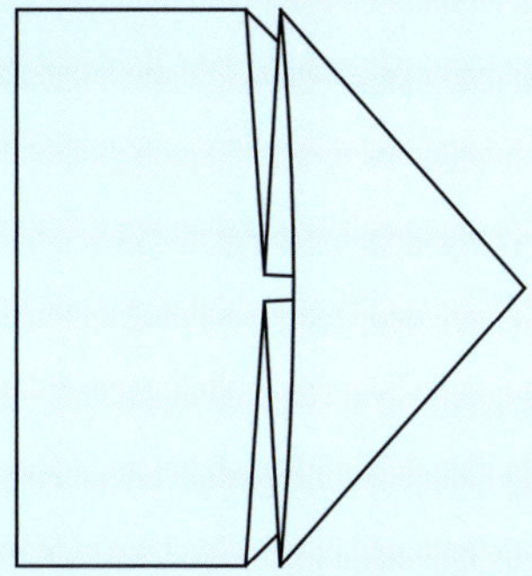

6 Die entstandenen Falten nachziehen.

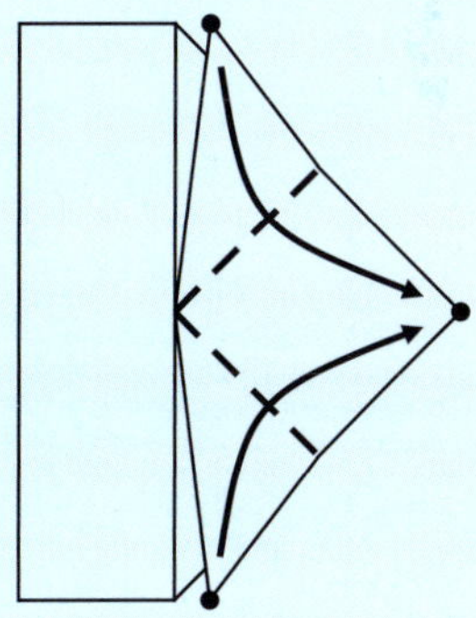

7 Die markierten Ecken zur Fliegerspitze falten.

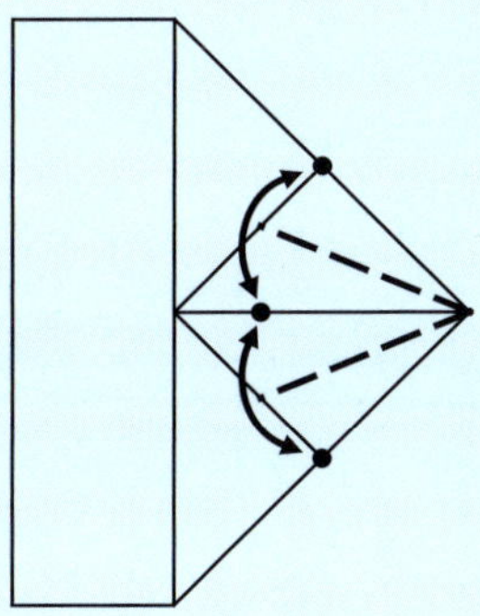

8 Die markierten Ecken zur Mitte falten und wieder öffnen.

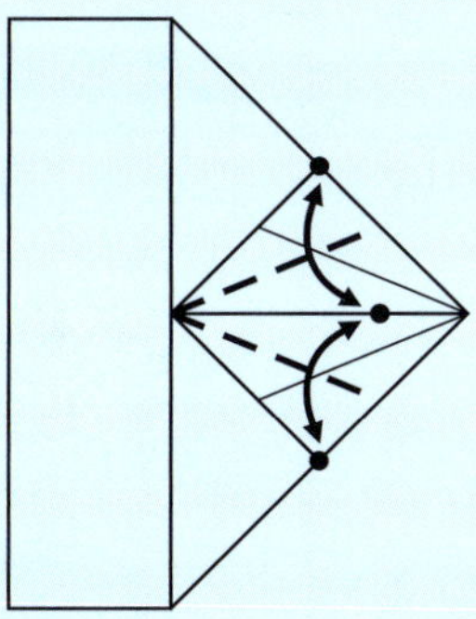

9 Die markierten Ecken zur Mitte falten und wieder öffnen.

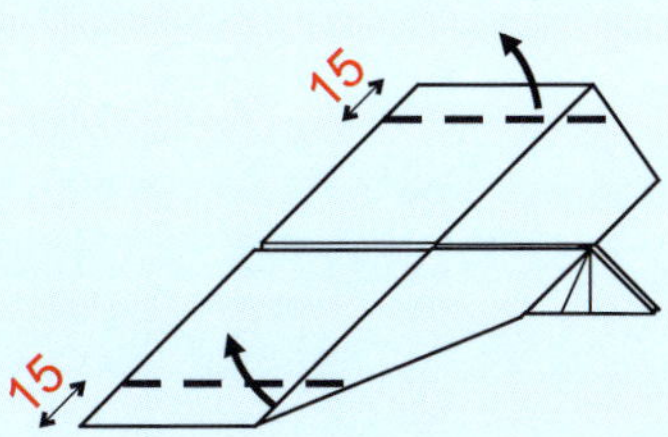

15 Die Seitenstabilisatoren an den eingezeichneten Linien rechtwinklig aufstellen.

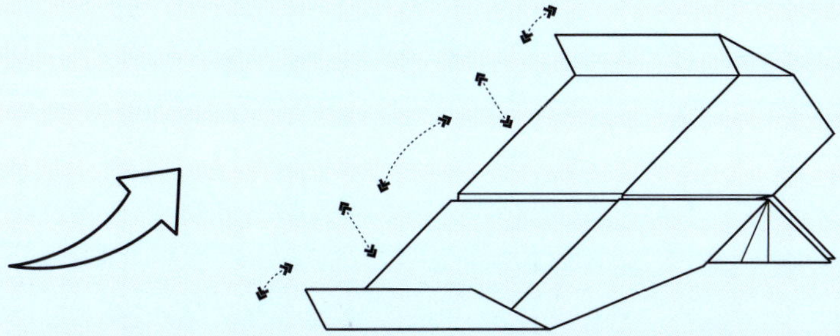

Diesen Flieger mit mittlerem oder viel Schwung werfen. In der Regel muss das Höhenruder leicht nach oben gewölbt werden.

Centaurus

Schwierigkeitsgrad
* *

oben

unten

Centaurus

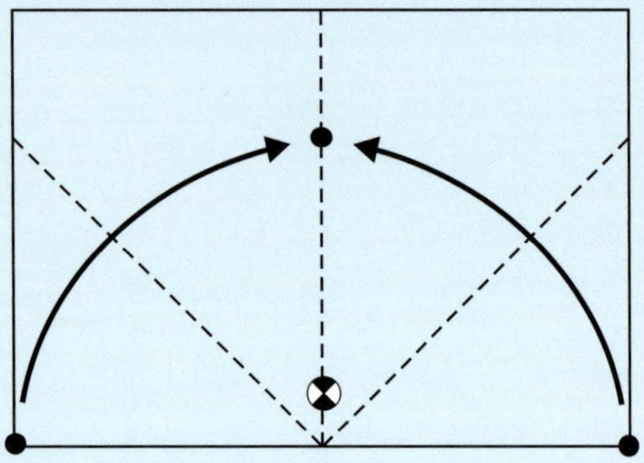

1 Das Blatt in der Mitte falten und wieder öffnen. Die unteren Ecken zur Mittellinie falten.

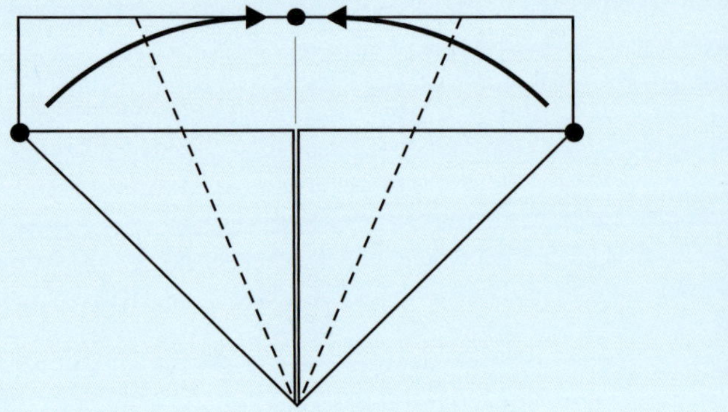

2 Die markierten Punkte übereinander legen.

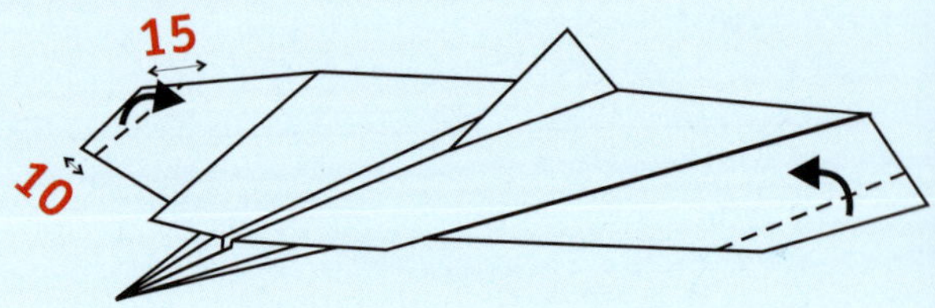

9 Die beiden Seitenstabilisatoren senkrecht nach oben knicken.

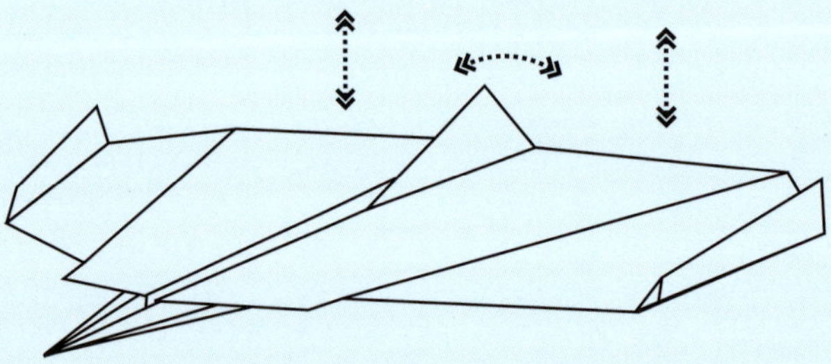

Bei zu steilem Sinkflug den Flieger stärker werfen oder die Höhenruder leicht nach oben wölben (eine minimale Wölbung kann ausreichen). Bei Wellenflug den Flieger mit weniger Schwung werfen oder die Höhenruder ein wenig nach unten biegen.

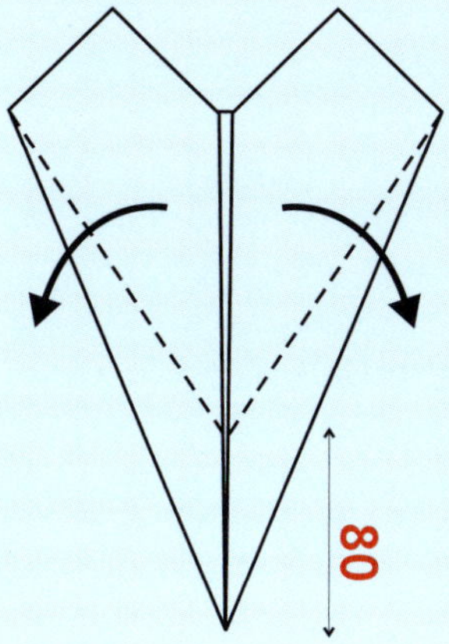

3 Die eingezeichneten Faltlinien vorfalzen und die beiden Flügel nach außen falten.

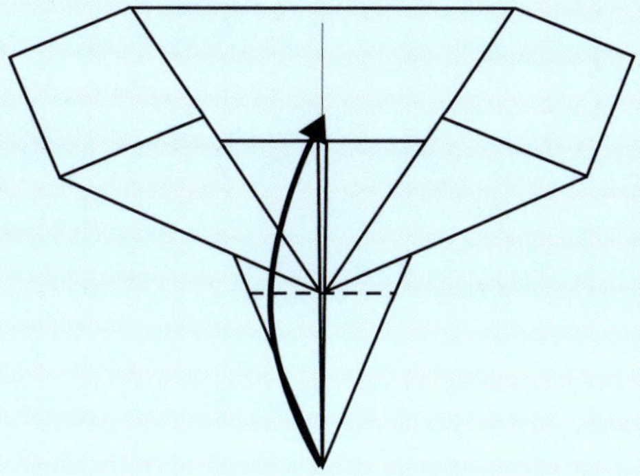

4 Die Spitze nach oben falten.

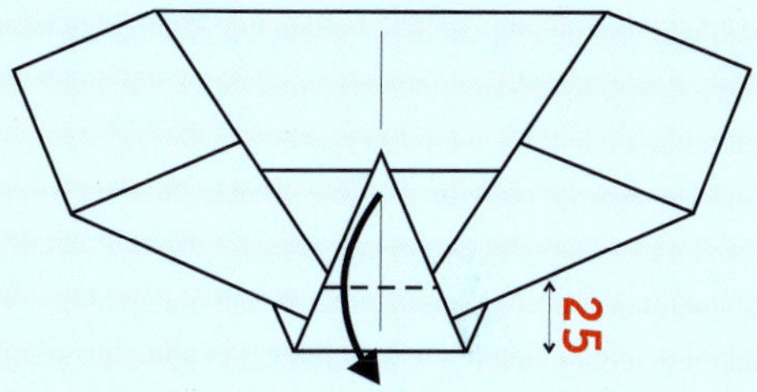

5 Die Spitze an der eingezeichneten Linie wieder nach unten legen.

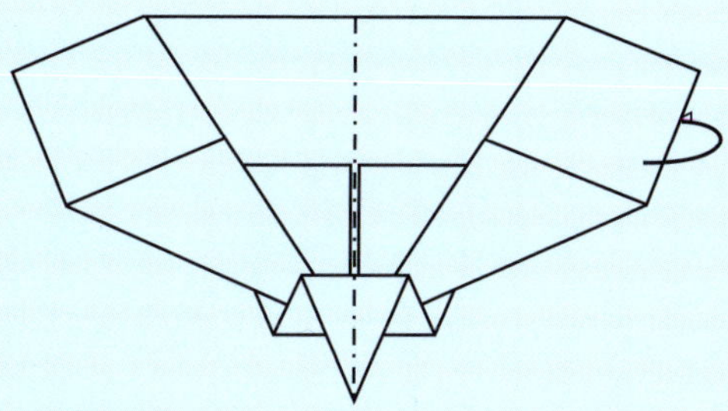

6 Den Flieger an der Mittellinie nach unten zusammenklappen.

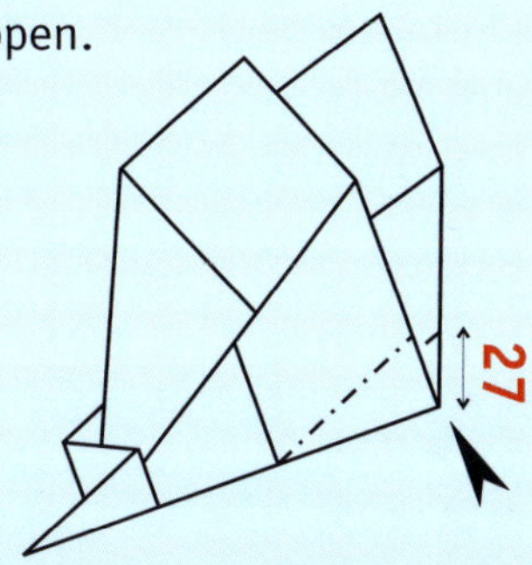

7 Das Seitenleitwerk nach innen falten: einmal nach vorn, einmal nach hinten falten und dann eindrücken.

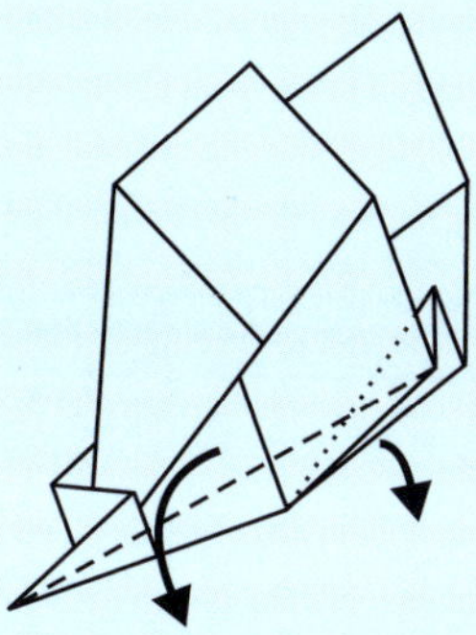

8 Beide Flügel jeweils an der eingezeichneten, vorgefalzten Linie rechtwinklig nach unten klappen.

Gemini

Schwierigkeitsgrad
* * *

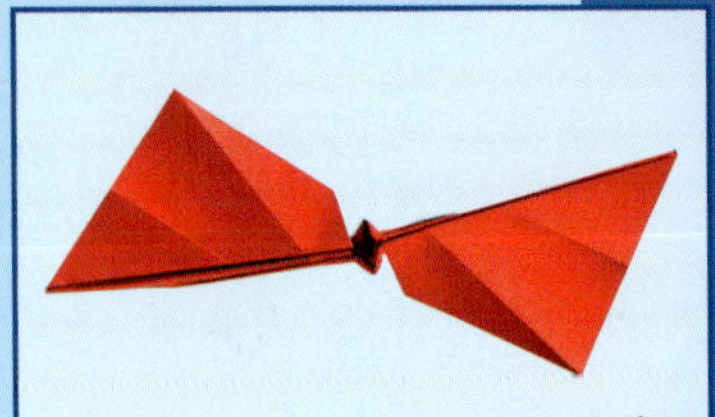
oben

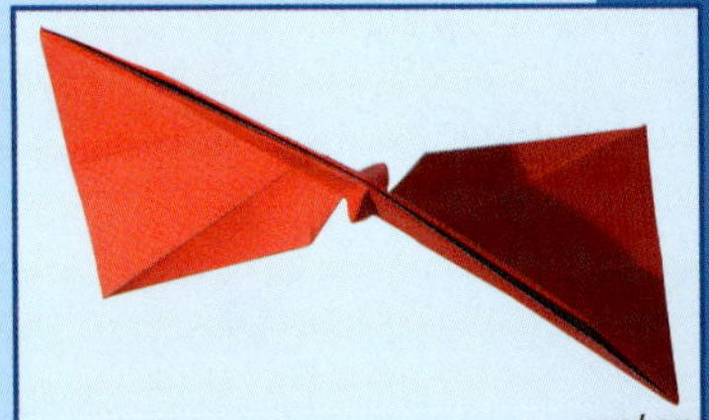
unten

Gemini

Gemini

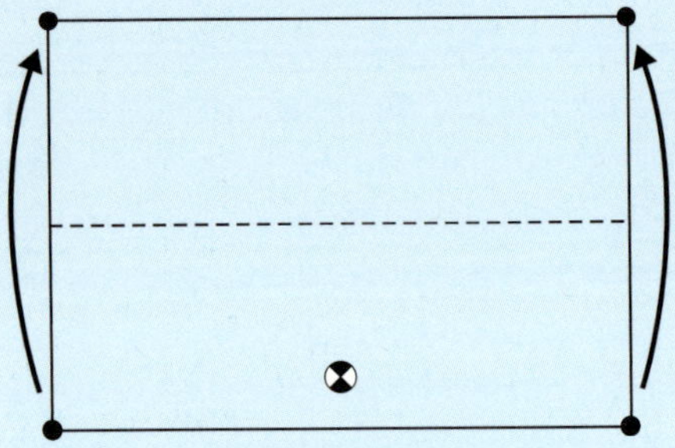

1 Das Blatt der Länge nach in der Mitte falten.

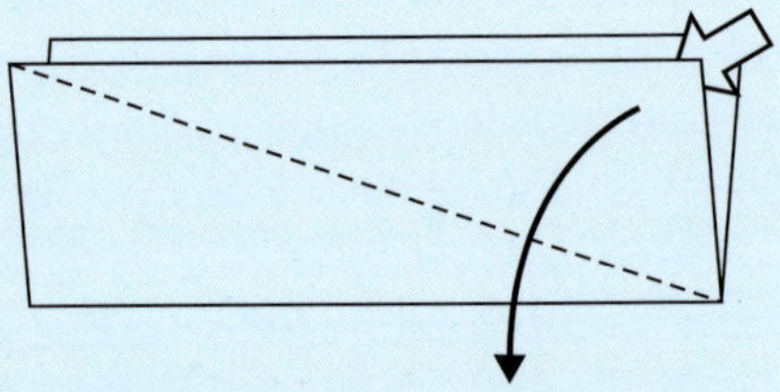

2 Die rechte Ecke der oberen Papierlage über die Diagonale nach unten falten.

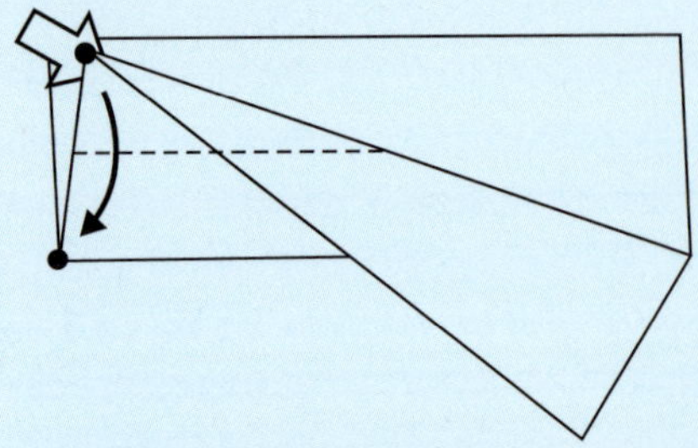

3 Die linke Ecke nach unten falten. Die in den Schritten 2 und 3 ausgeführten Faltungen wieder öffnen.

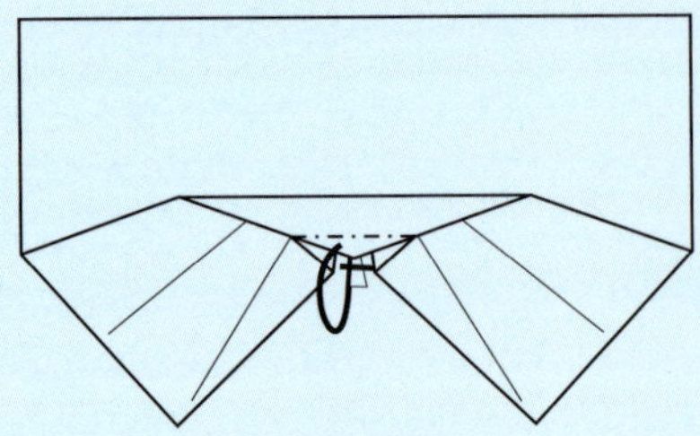

10 Überstehende Spitze nach hinten einstecken.

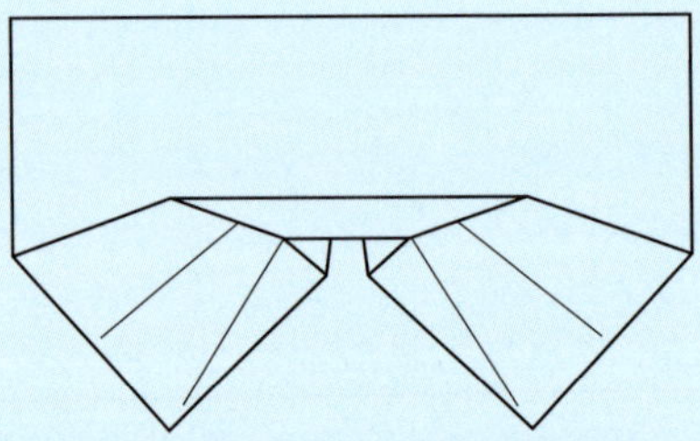

11 Ergebnis von Schritt 10. Den Flieger wenden und die Schritte 2 bis 10 auf der anderen Seite wiederholen.

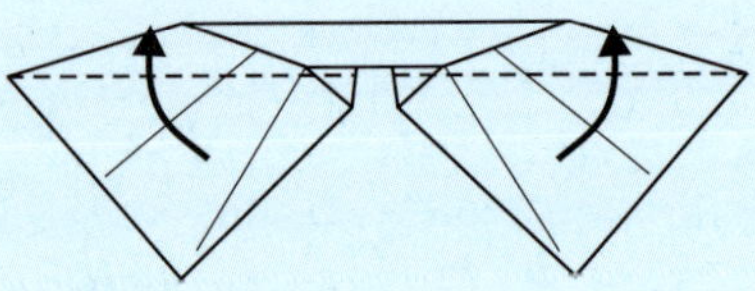

12 Beide Flügel nach oben klappen und den Vorgang auf der anderen Seite ausführen. Den Flieger umdrehen und die Flügel rechtwinklig zum Rumpf stellen.

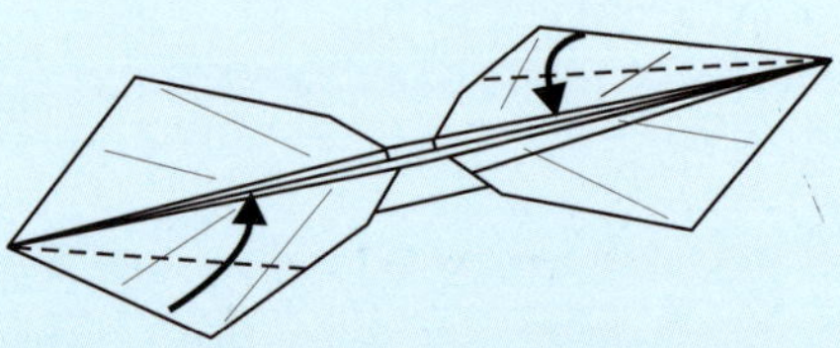

13 Die Kante vorne links und hinten rechts jeweils zur inneren Flügelkante falten.

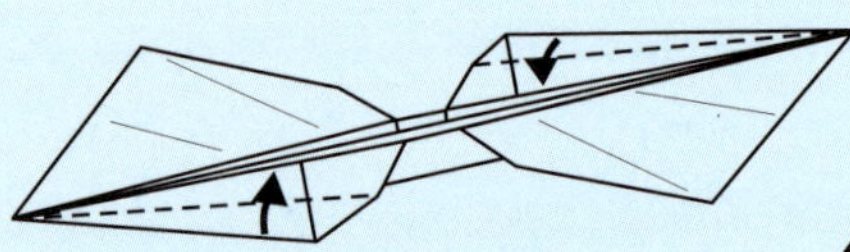

14 Diese Flügel nochmals zur Hälfte falten.

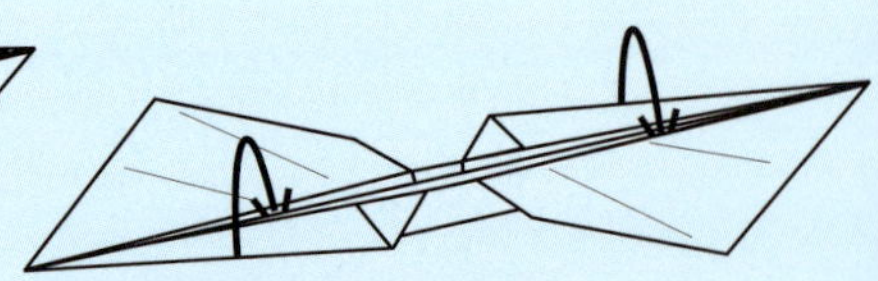

15 Die entstandenen Flächen in den übernächsten Mittelfalz einstecken.

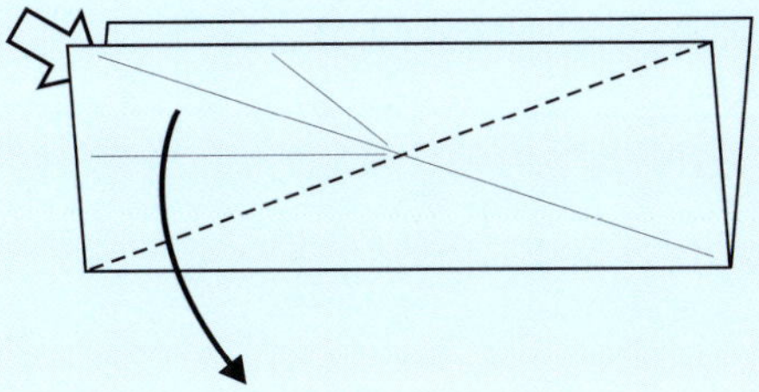

4 Die linke Ecke über die Diagonale nach unten falten.

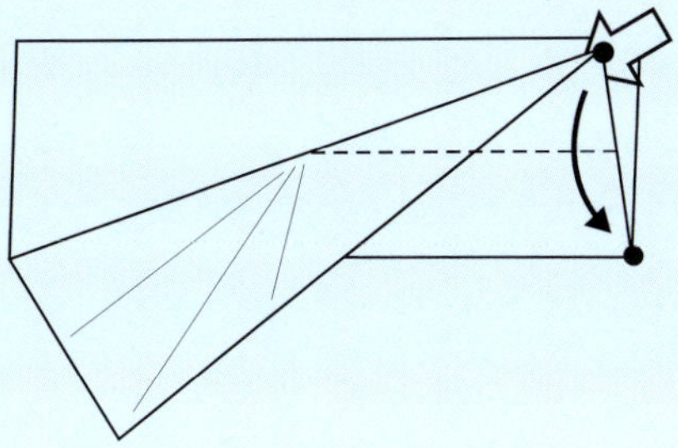

5 Die rechte Ecke nach unten falten.

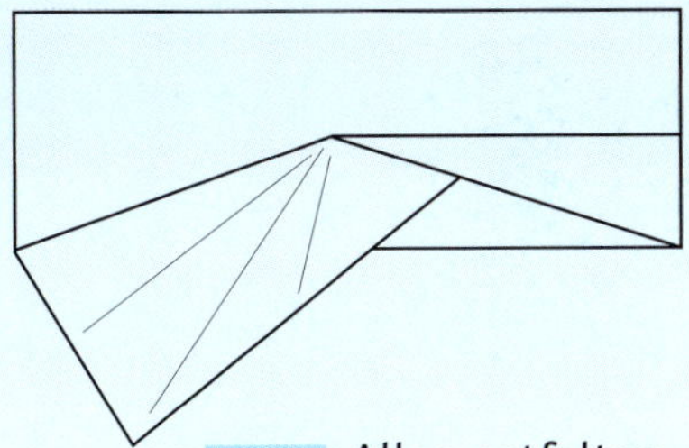

6 Alles entfalten.

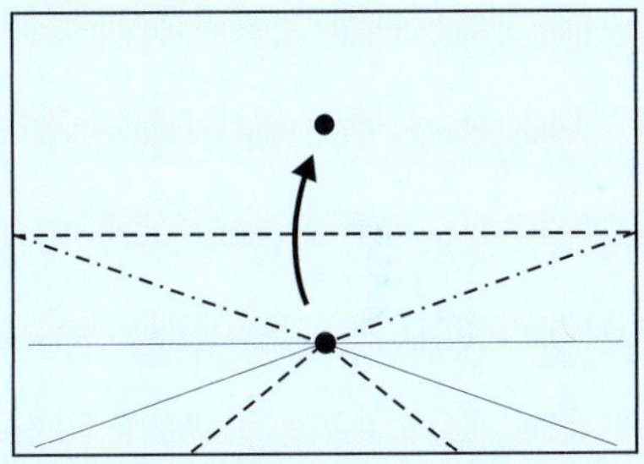

7 Die eingezeichneten Berg- und Talfalten nachziehen. Den Mittelpunkt aller Falten auf die andere Blatthälfte legen.

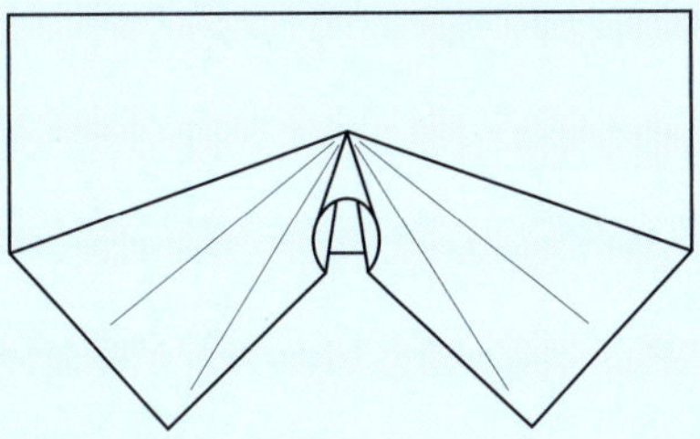

8 Ergebnis von Schritt 7. Flachdrücken.

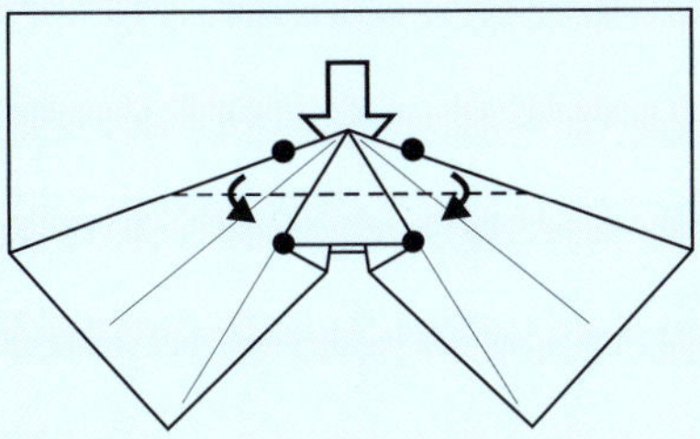

9 Die obere Spitze nach unten falten.

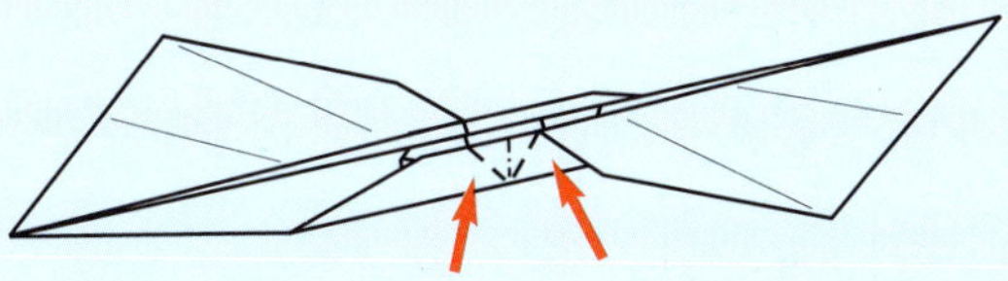

16 An den markierten Stellen mit Daumen und Zeigefinger anfassen und so zusammendrücken, dass die Flügelspitzen leicht nach oben zeigen und die eingezeichneten Falten gebildet werden.

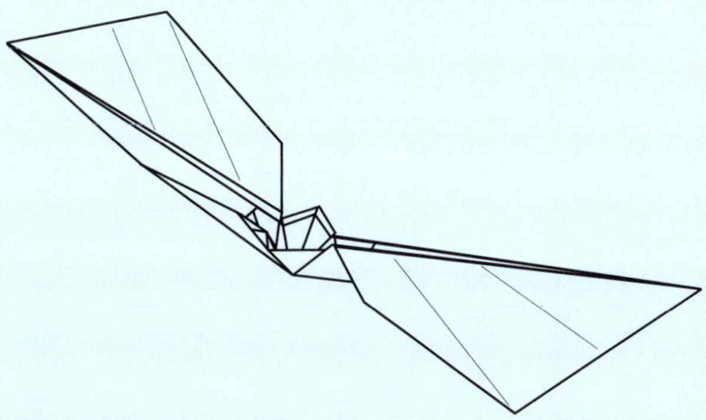

Den Rotor waagrecht halten und nach unten fallen lassen, so kreiselt er langsam zu Boden.

Marabu

Schwierigkeitsgrad
**

oben

unten

Marabu

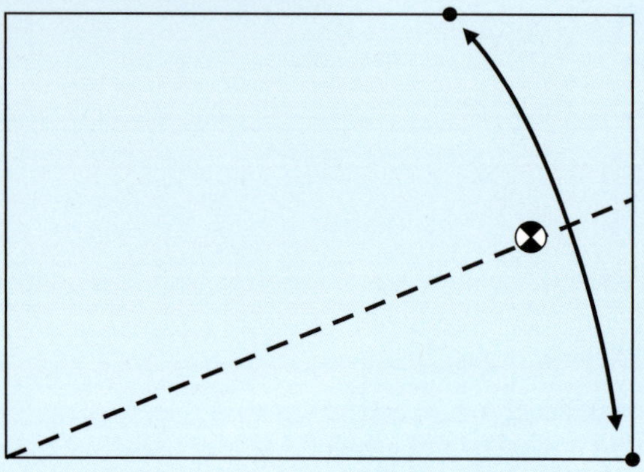

1 Die rechte untere Ecke so auf die obere Blattkante legen, dass die dabei entstehende Faltlinie durch die untere linke Ecke verläuft. Die Faltung wieder öffnen.

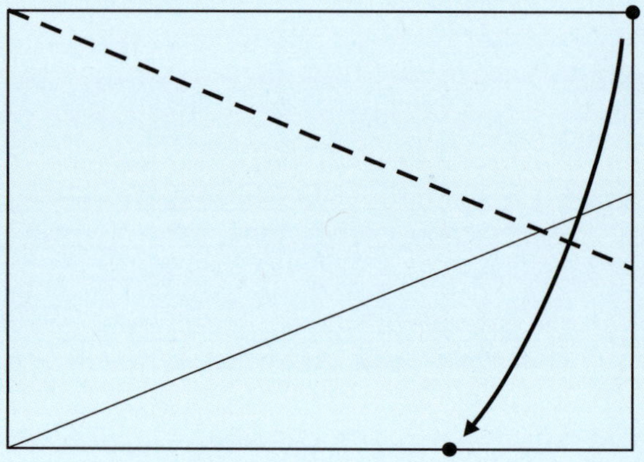

2 Die rechte obere Ecke so auf die untere Blattkante legen, dass die entstehende Faltlinie durch die obere linke Ecke verläuft.

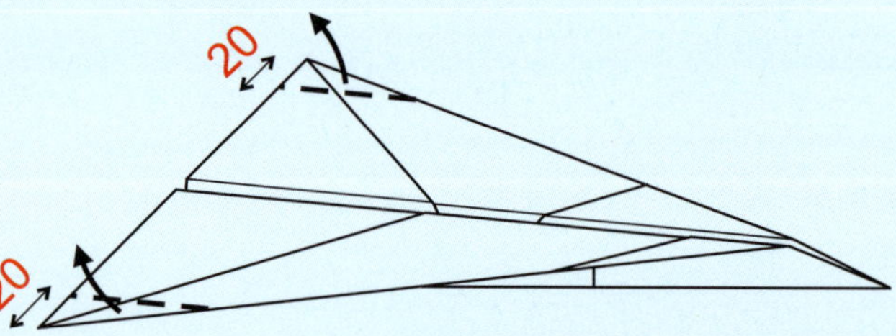

9 Die Seitenstabilisatoren an den eingezeichneten Linien rechtwinklig aufstellen.

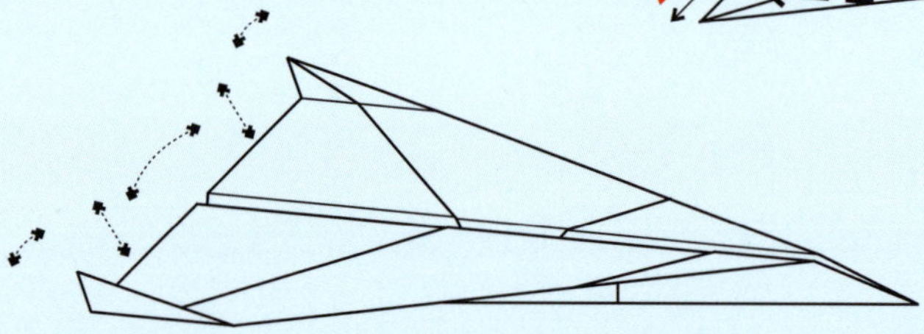

Diesen Flieger mit mittlerem oder viel Schwung werfen. In der Regel muss das Höhenruder leicht nach oben gewölbt werden. Bei zu steilem Sinkflug den Flieger stärker werfen oder die Höhenruder leicht nach oben wölben. Bei Wellenflug den Flieger mit weniger Schwung werfen oder die Höhenruder entsprechend etwas nach unten biegen.

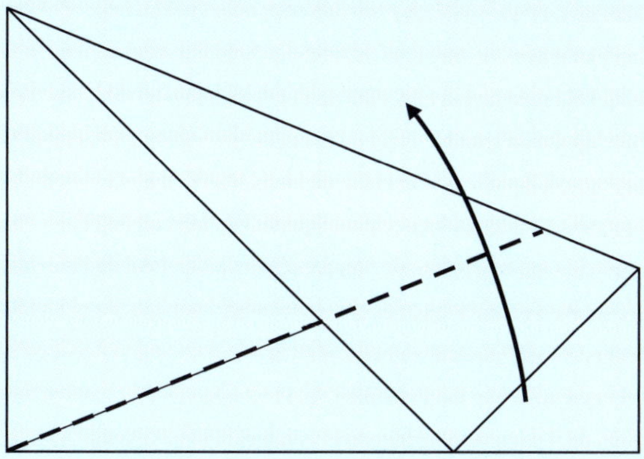

3 Die untere Blatthälfte über die vorhandene Faltlinie nach oben falten.

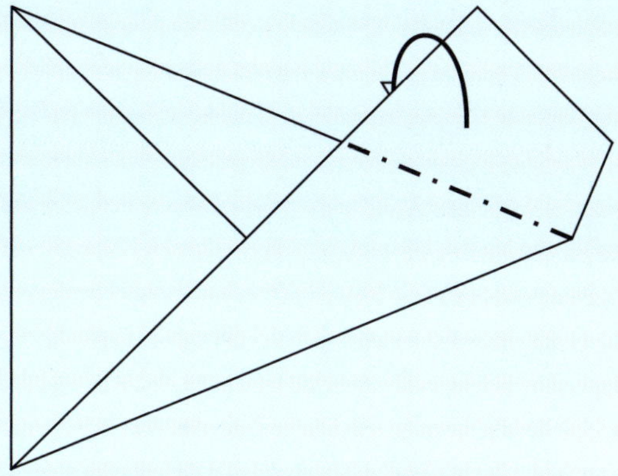

4 Den Blattüberstand über die eingezeichnete Linie nach hinten falten.

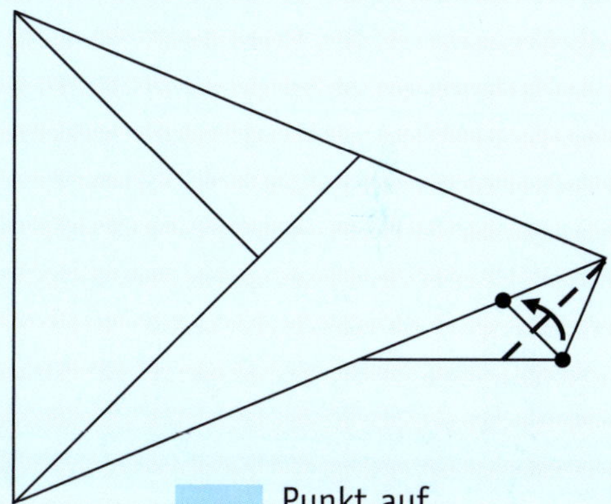

5 Punkt auf Punkt falten.

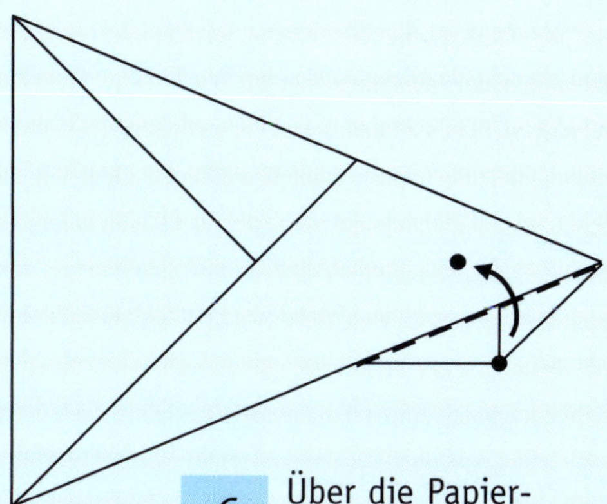

6 Über die Papierkante falten.

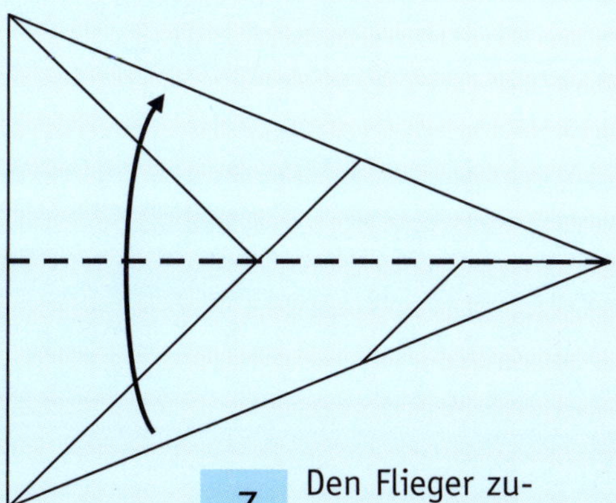

7 Den Flieger zusammenklappen.

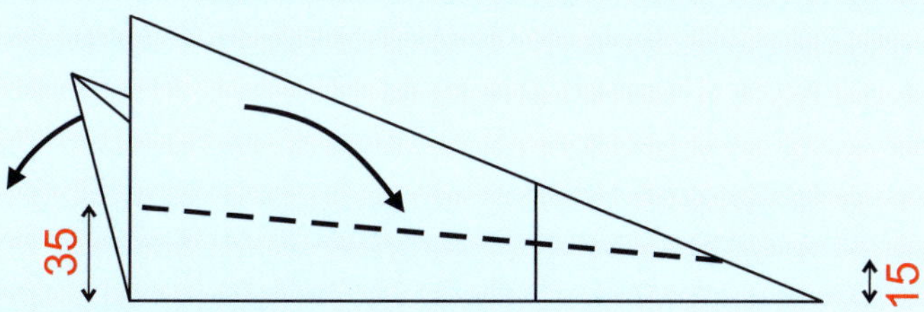

8 Beide Flügel jeweils an der eingezeichneten Linie nach unten klappen.

Kranich

Schwierigkeitsgrad
* *

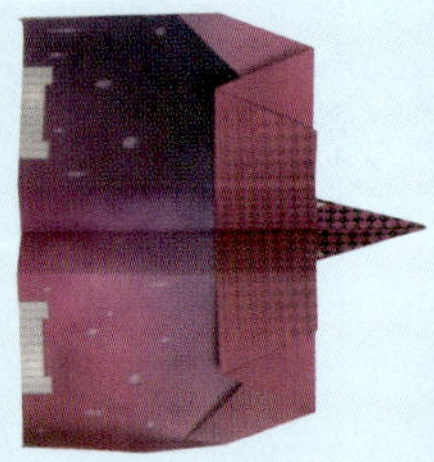
oben

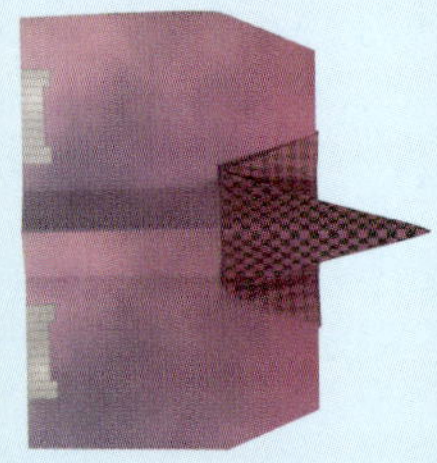
unten

Kranich

Kranich

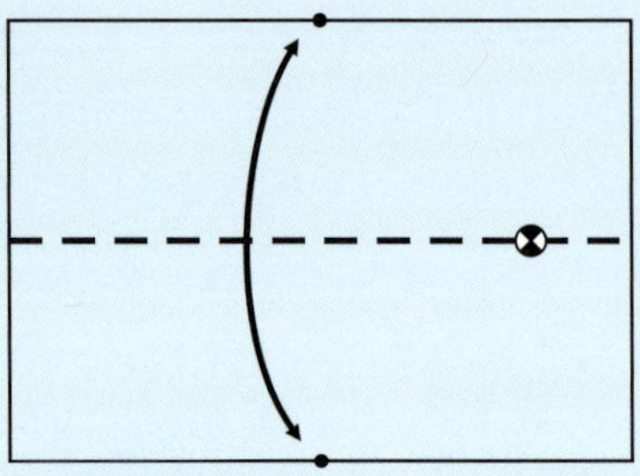

1 Das Blatt in der Mitte falten, wieder öffnen und so hinlegen, dass die Mittelfalte eine Talfalte bildet.

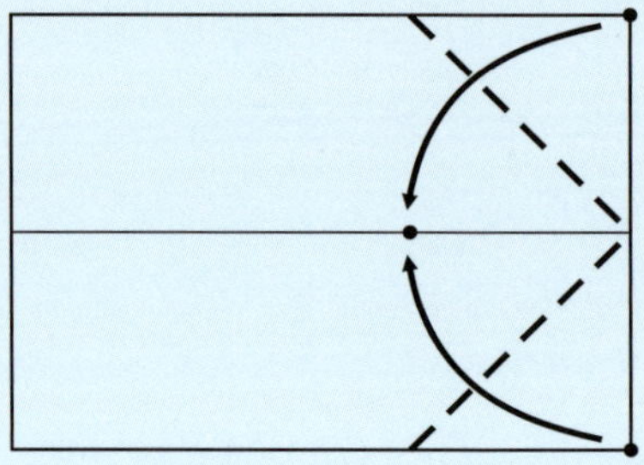

2 Die Ecken zur Mittellinie falten.

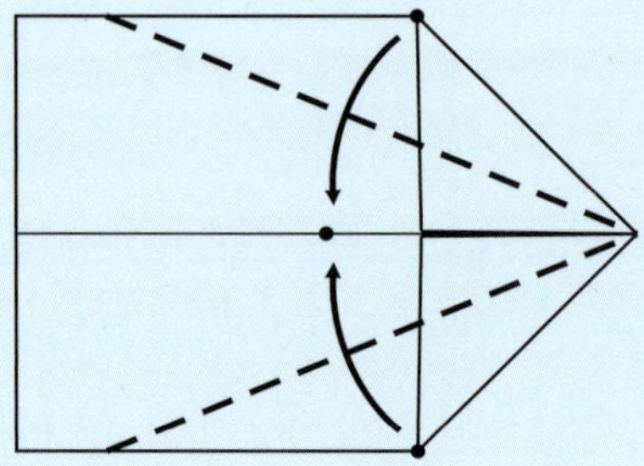

3 Die markierten Ecken zur Mitte falten.

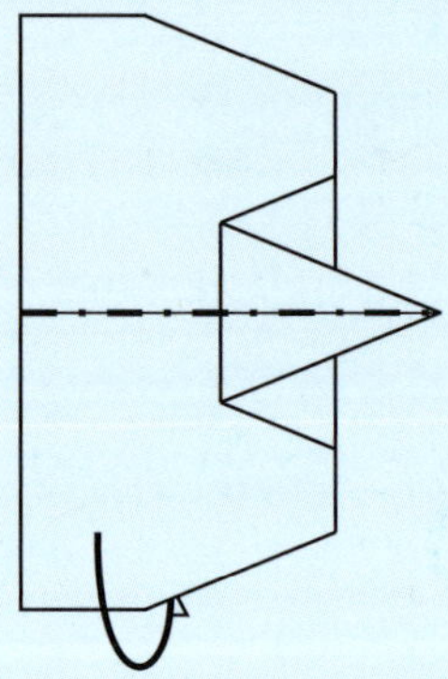

9 Den Flieger nach hinten zusammenklappen.

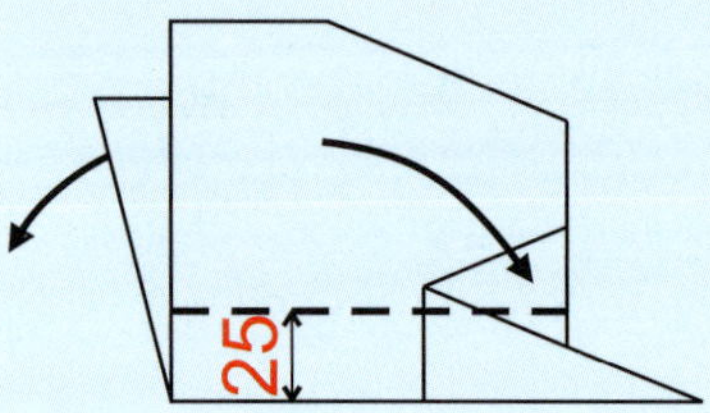

10 Beide Flügel jeweils an der eingezeichneten Linie nach unten klappen.

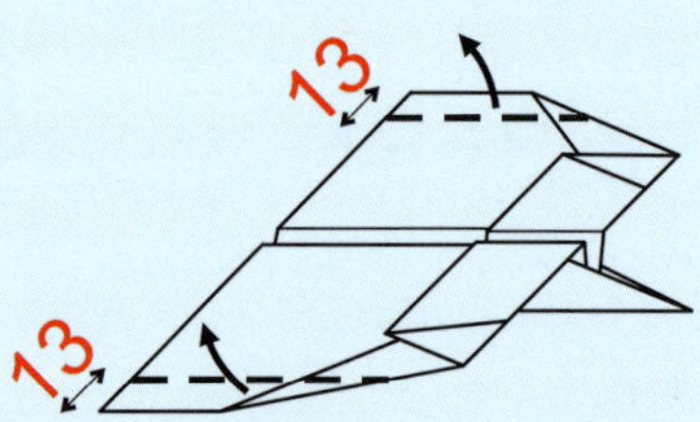

11 Die Seitenstabilisatoren jeweils an der eingezeichneten Linie rechtwinklig aufstellen.

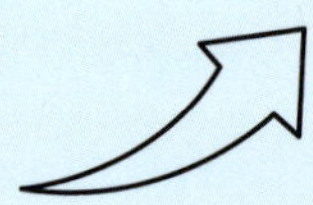

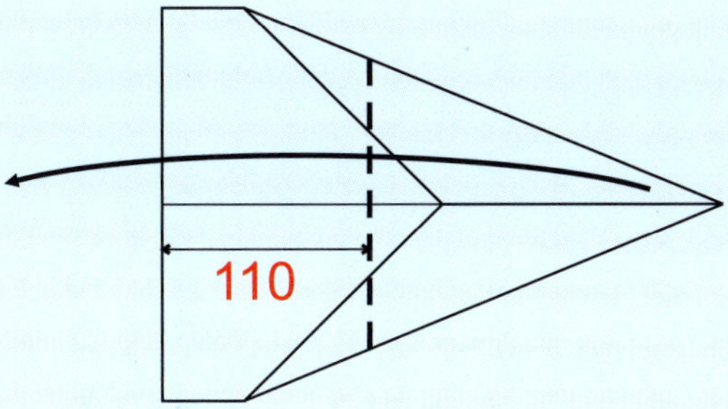

4 Die Spitze über die eingezeichnete Linie nach links falten.

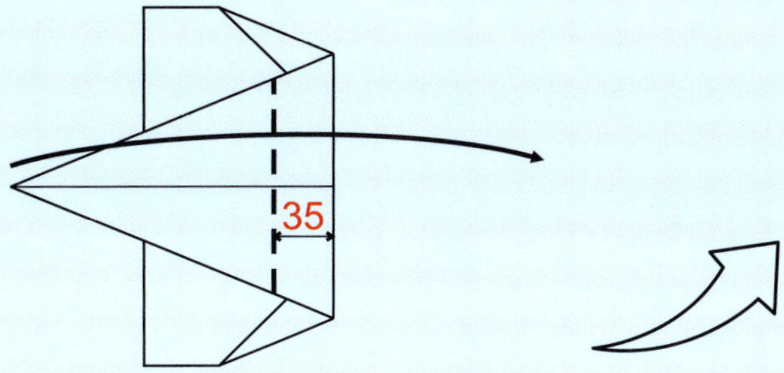

5 Die Spitze über die eingezeichnete Linie wieder nach rechts falten.

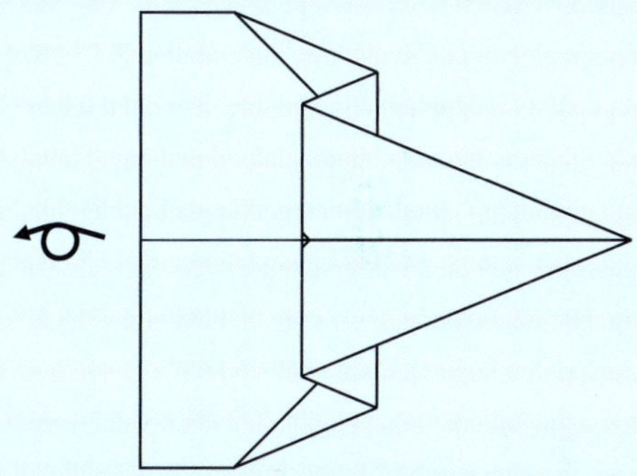

6 Den Flieger wenden.

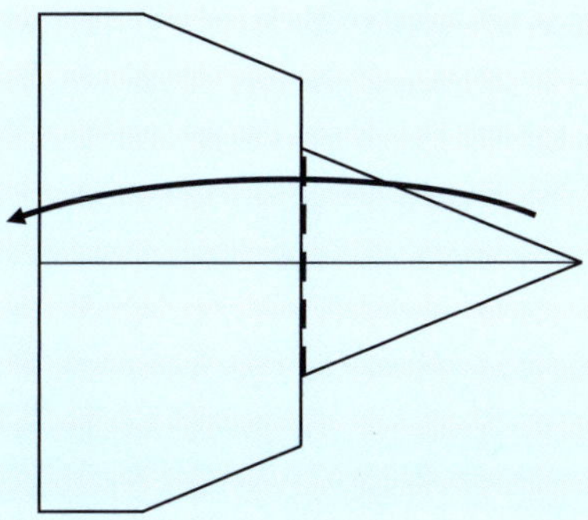

7 Die Spitze über die eingezeichnete Linie nach links falten.

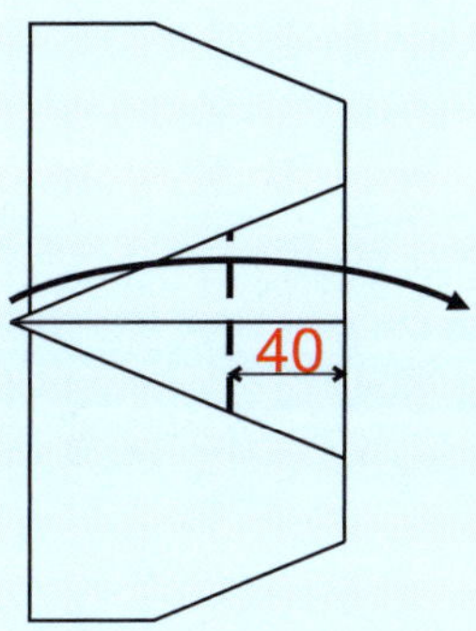

8 Die Spitze über die eingezeichnete Linie wieder nach rechts falten.

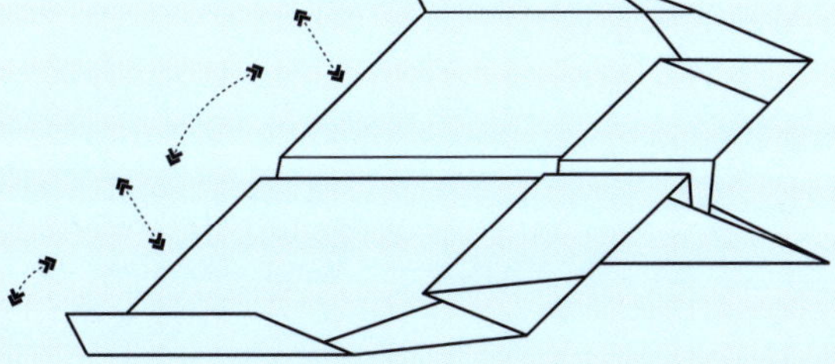

Diesen Flieger mit mittlerem oder mit viel Schwung werfen. Bei zu steilem Sinkflug den Flieger stärker werfen oder die Höhenruder leicht nach oben wölben. Bei Wellenflug den Flieger mit weniger Schwung werfen oder die Höhenruder etwas nach unten biegen.

Sirrah

Schwierigkeitsgrad
**

oben

unten

Sirrah

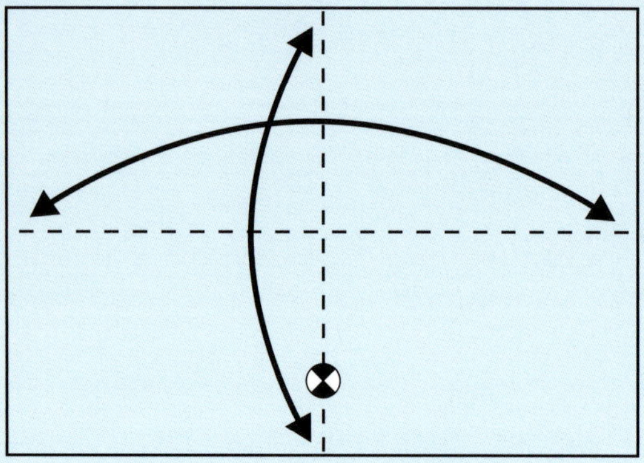

1 Das Blatt längs und quer in der Mitte falten und wieder öffnen.

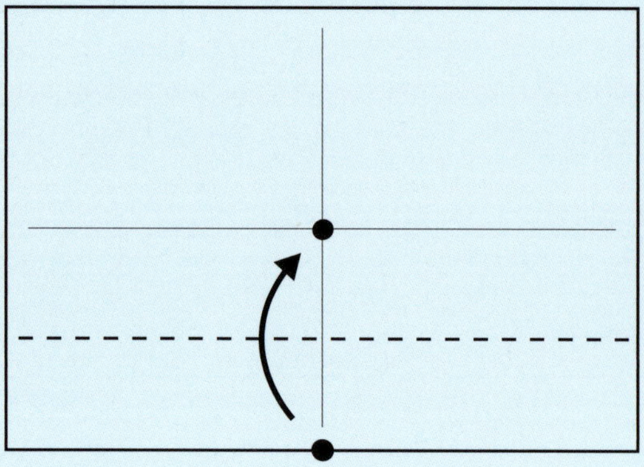

2 Den Mittelpunkt der unteren Kante auf den Mittelpunkt des Blattes falten.

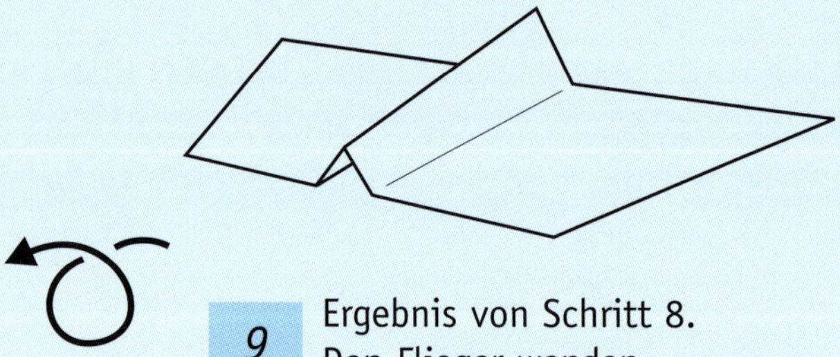

9 Ergebnis von Schritt 8. Den Flieger wenden.

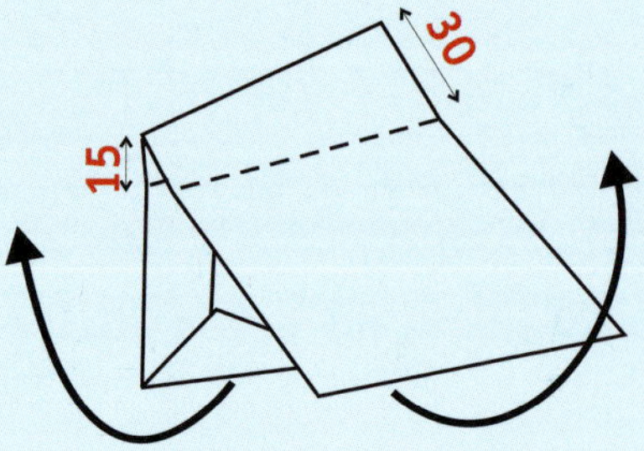

8 Tragflächen rechtwinklig nach oben klappen.

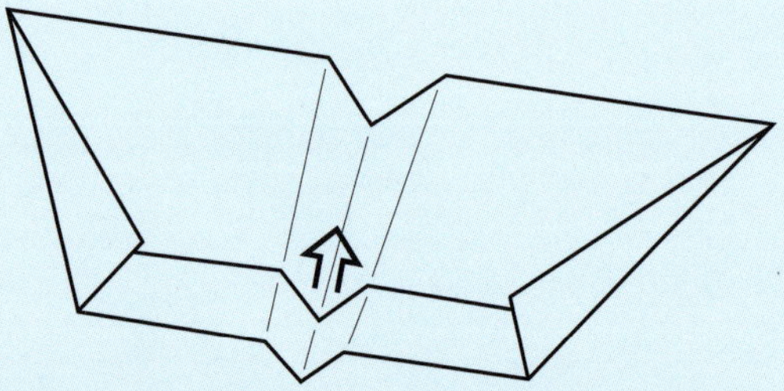

10 Nach oben ziehen.

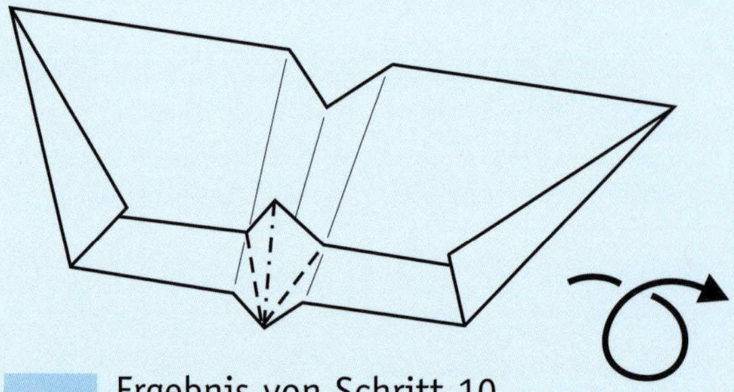

11 Ergebnis von Schritt 10. Die hochgeklappte Spitze ist später der Wurfgriff.

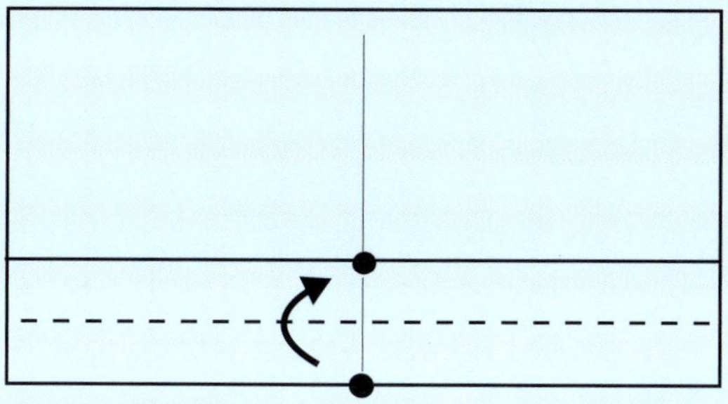

3 Den Faltvorgang wiederholen.

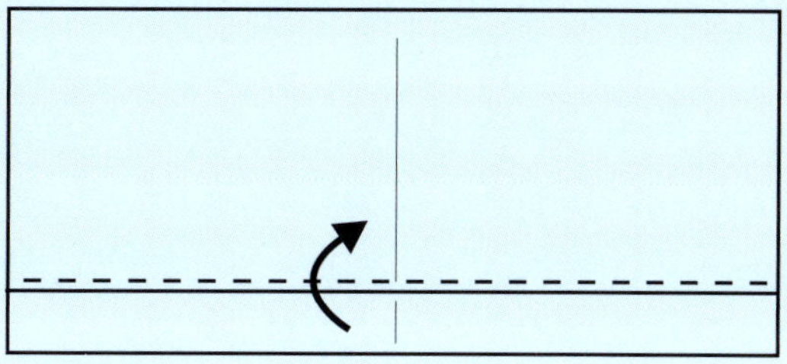

4 Die untere Kante über die Papierkante nach oben falten.

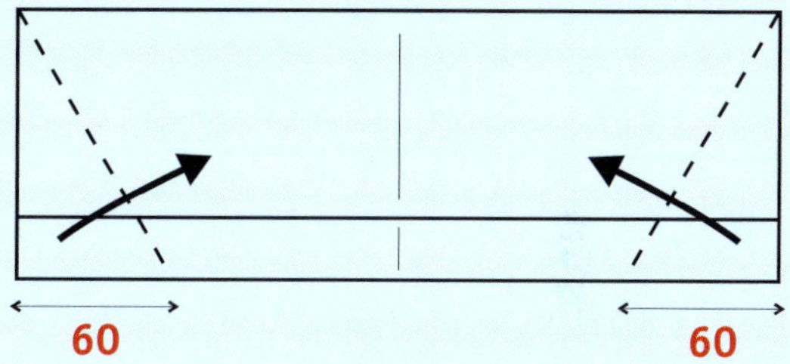

5 Die beiden unteren Ecken über die eingezeichneten Linien schräg nach oben falten.

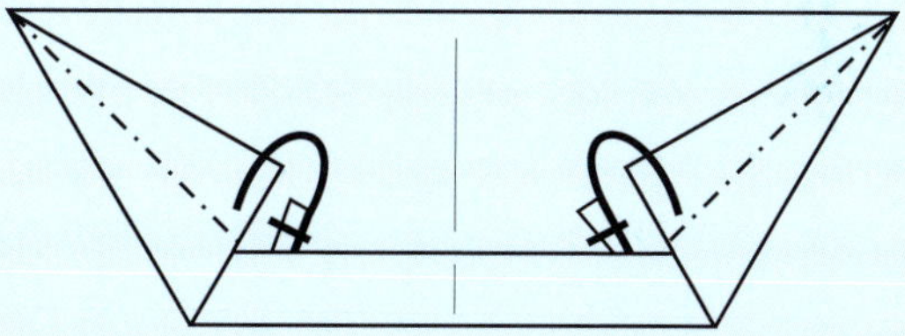

6 Diese Ecken über die eingezeichneten Linien nach innen stecken.

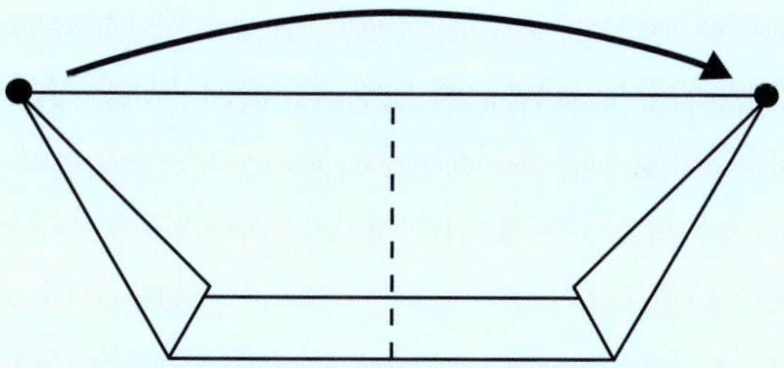

7 Den Flieger zusammenklappen.

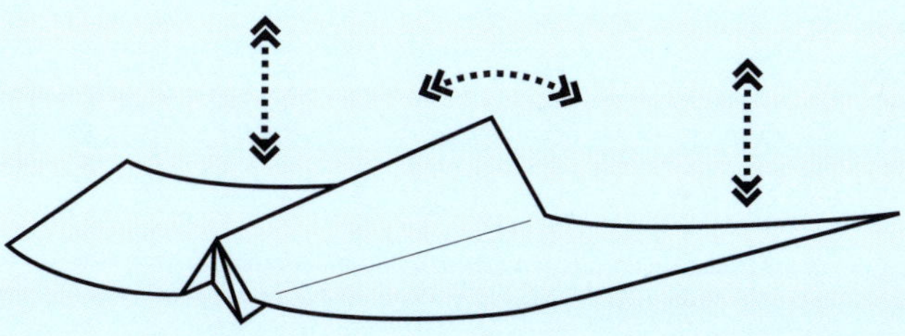

Die Tragflächen leicht nach oben wölben.

Pelikan

Schwierigkeitsgrad
* *

oben

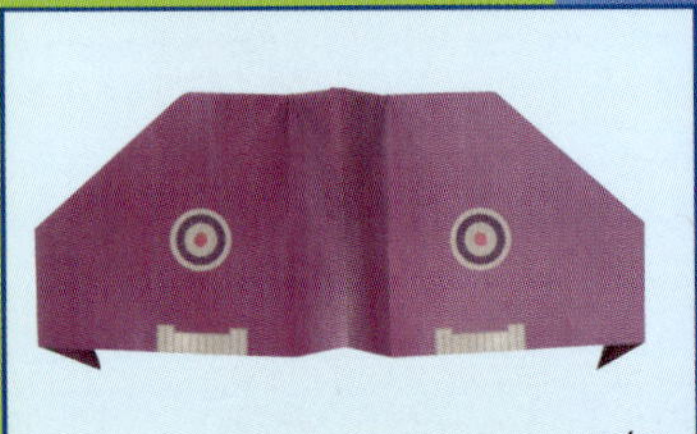

unten

Pelikan
Pelikan

Pelikan

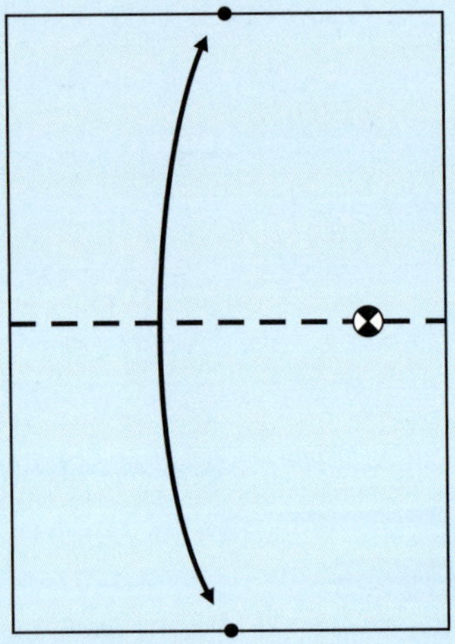

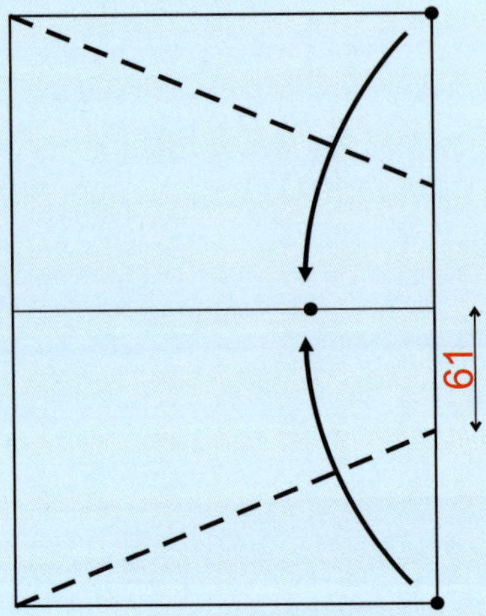

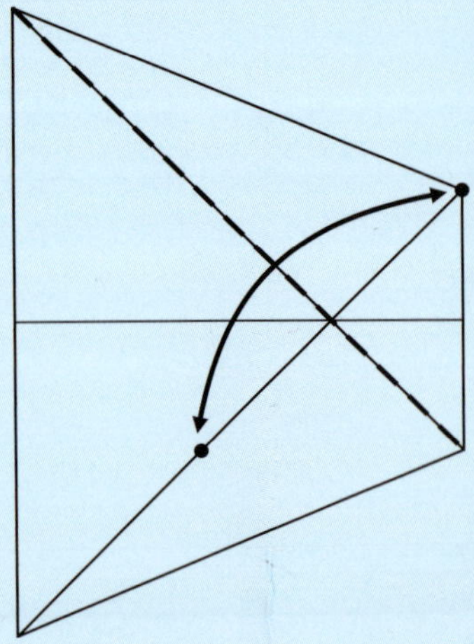

3 Die rechte obere Ecke über die eingezeichnete Linie schräg nach unten falten und wieder öffnen.

2 Die markierten Ecken über die eingezeichneten Linien zur Mittellinie falten.

1 Das Blatt in der Mitte falten, wieder öffnen und so hinlegen, dass die Mittelfalte eine Talfalte bildet.

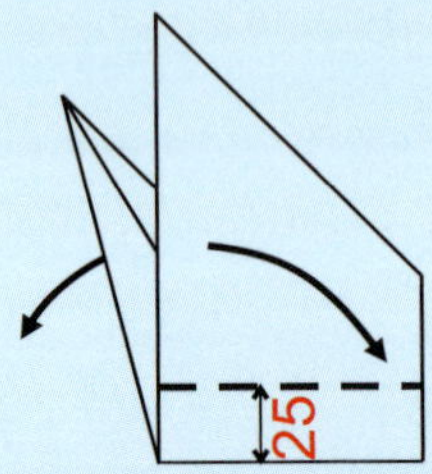

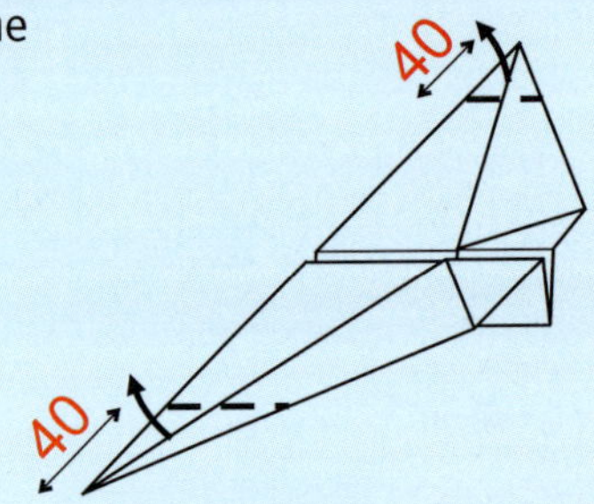

10 Beide Flügel jeweils an der eingezeichneten Linie nach unten klappen.

11 Die Seitenstabilisatoren an den eingezeichneten Linien rechtwinklig aufstellen.

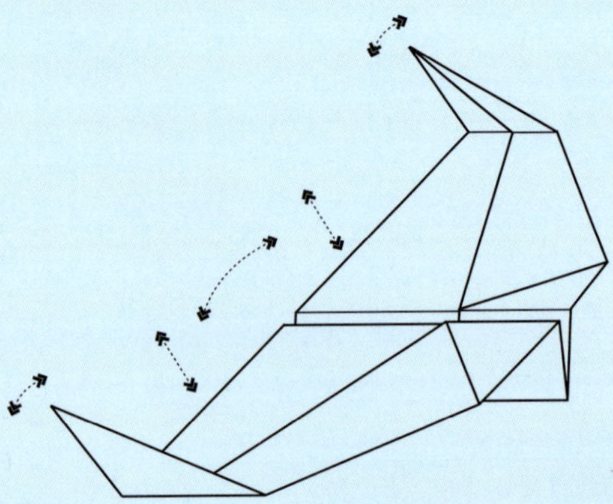

Diesen Flieger mit mittlerem oder mit viel Schwung werfen. In der Regel muss das Höhenruder leicht nach oben gewölbt werden. Bei zu steilem Sinkflug den Flieger stärker werfen oder die Höhenruder leicht nach oben wölben. Bei Wellenflug den Flieger mit weniger Schwung werfen oder die Höhenruder etwas nach unten biegen.

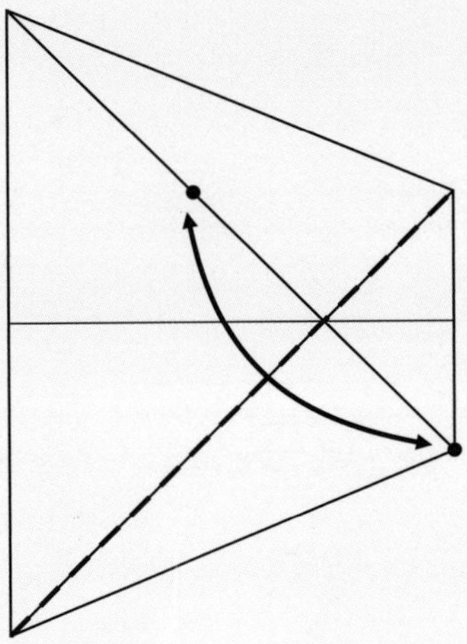

4 Die rechte untere Ecke über die eingezeichnete Linie schräg nach oben falten und wieder öffnen.

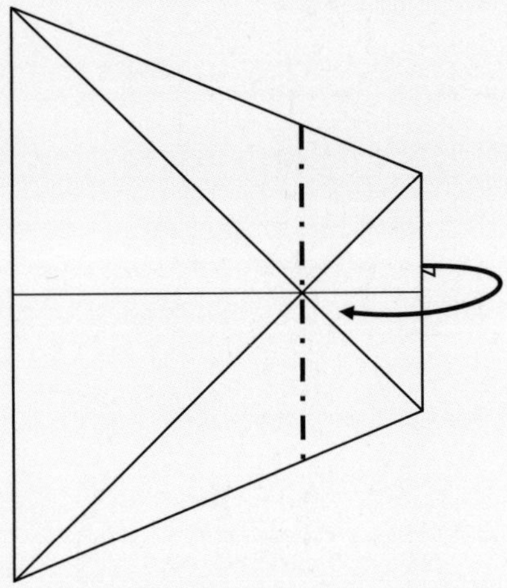

5 Die rechte Blattkante über die eingezeichnete Linie nach hinten falten und wieder zurücklegen.

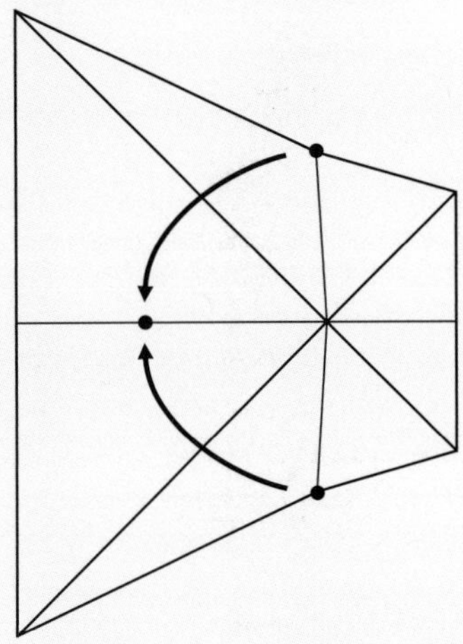

6 Die markierten Punkte auf die Mittellinie legen.

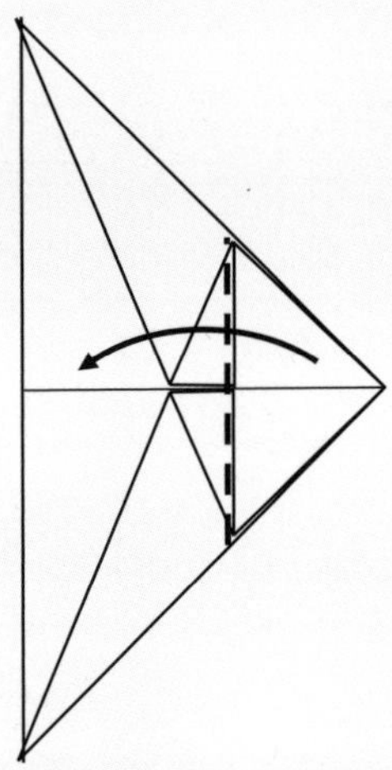

7 Die Spitze über die eingezeichnete Linie nach links falten.

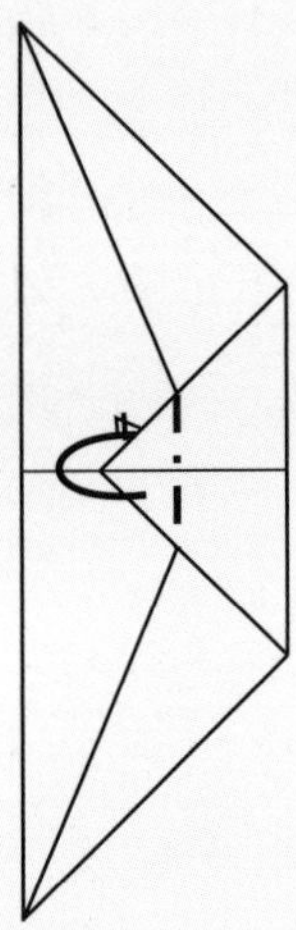

8 Die Spitze über die eingezeichnete Linie nach hinten einstecken.

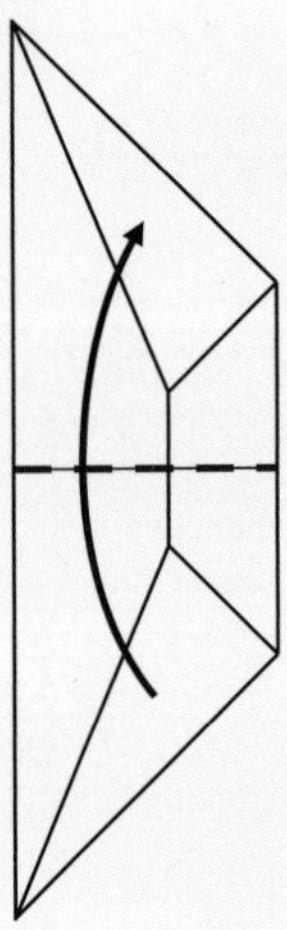

9 Den Flieger zusammenklappen.

Ibis

Schwierigkeitsgrad
**

oben

unten

Ibis

Ibis

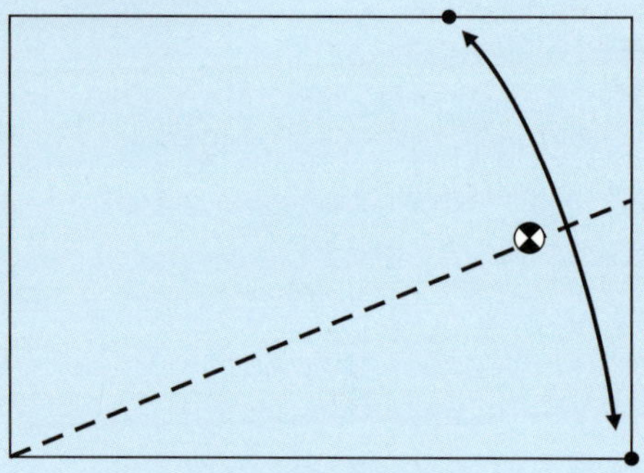

1 Die rechte untere Ecke so auf die obere Blattkante legen, dass die dabei entstehende Faltlinie durch die untere linke Ecke verläuft. Die Faltung wieder öffnen.

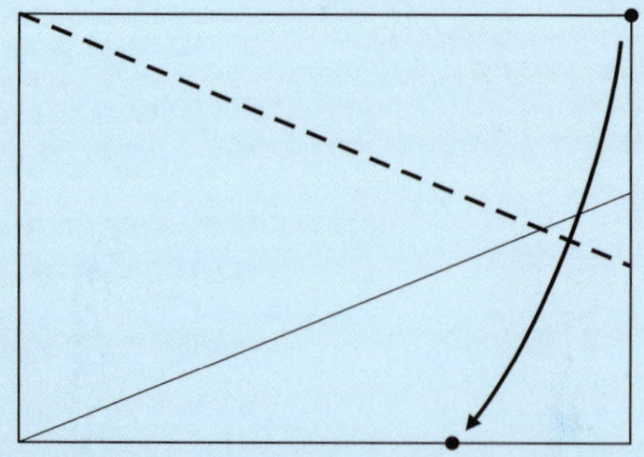

2 Die rechte obere Ecke so auf die untere Blattkante legen, dass die dabei entstehende Faltlinie durch die obere linke Ecke verläuft.

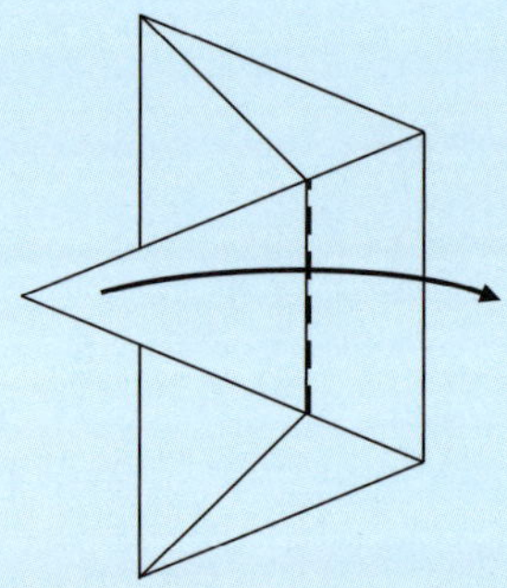

8 Die Spitze über die eingezeichnete Linie wieder nach rechts falten.

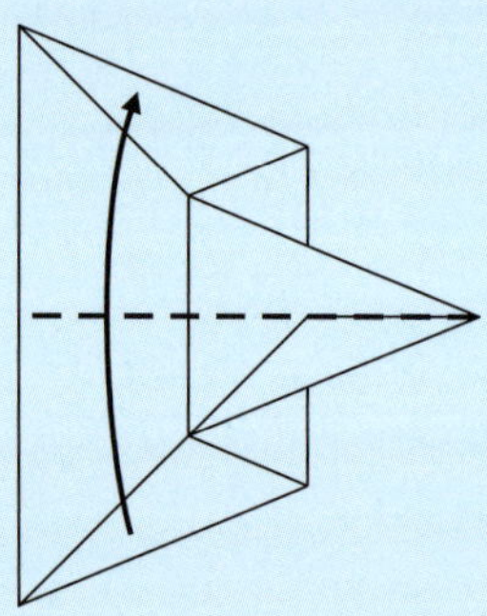

9 Den Flieger zusammenklappen.

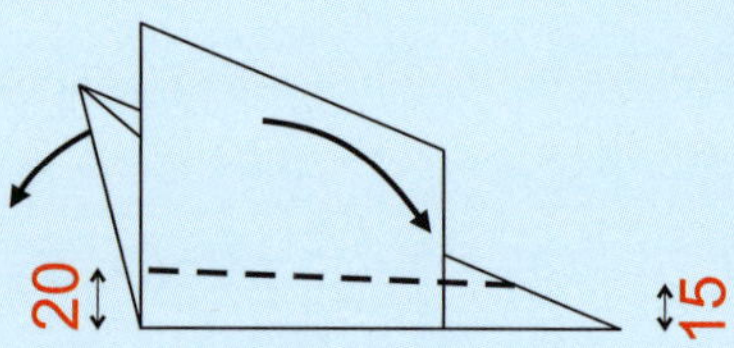

10 Beide Flügel jeweils an der eingezeichneten Linie nach unten klappen.

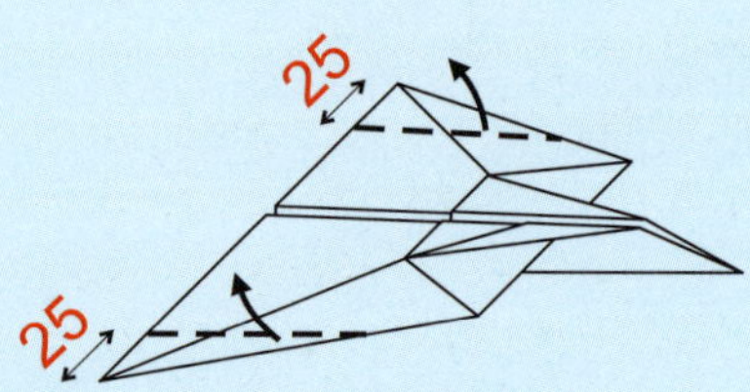

11 Die Seitenstabilisatoren an den eingezeichneten Linien rechtwinklig aufstellen.

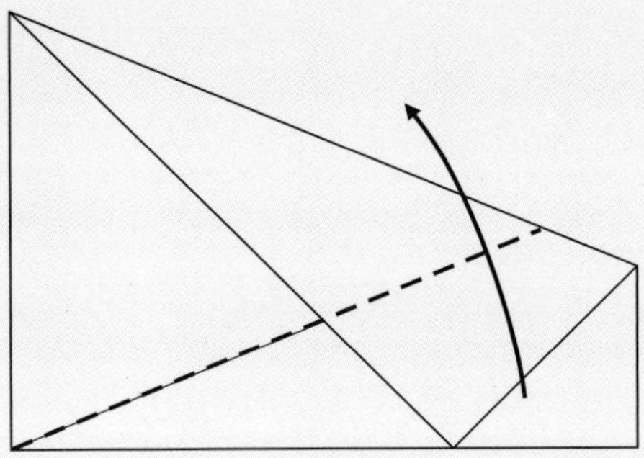

3 Die untere Blatthälfte über die vorhandene Faltlinie nach oben falten.

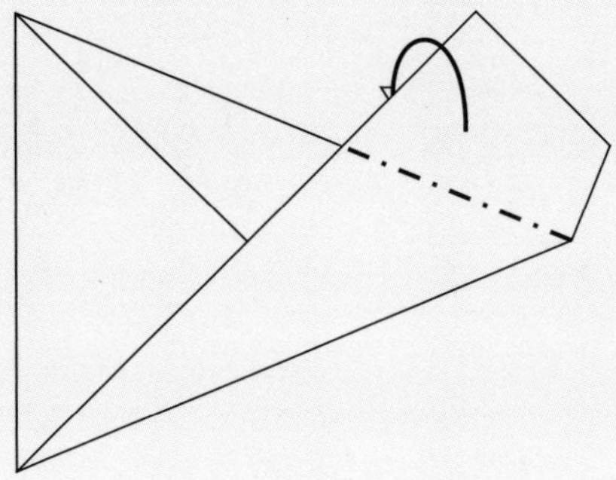

4 Den Blattüberstand über die eingezeichnete Linie nach hinten falten.

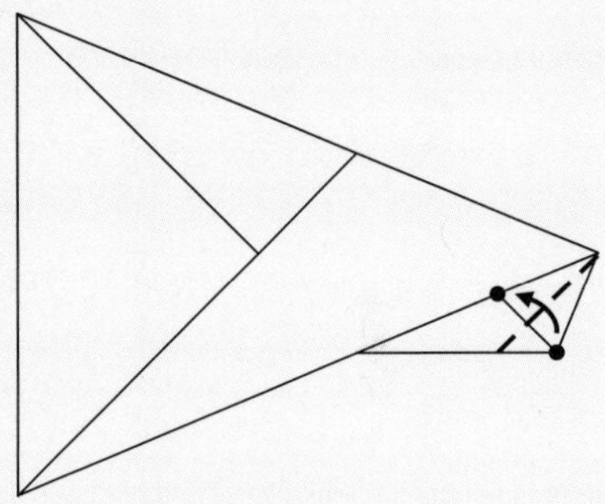

5 Punkt auf Punkt falten.

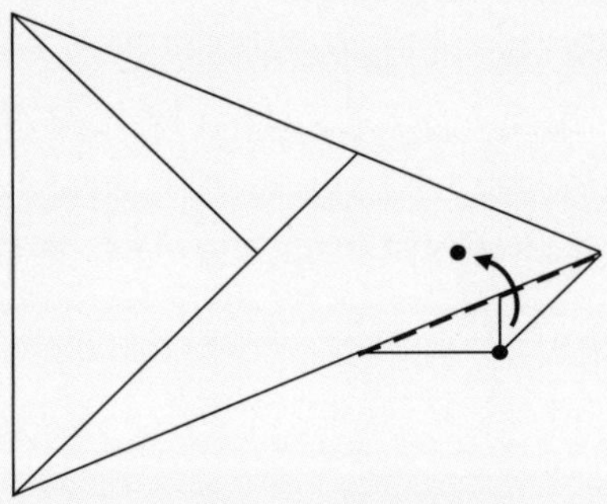

6 Über die Papierkante falten.

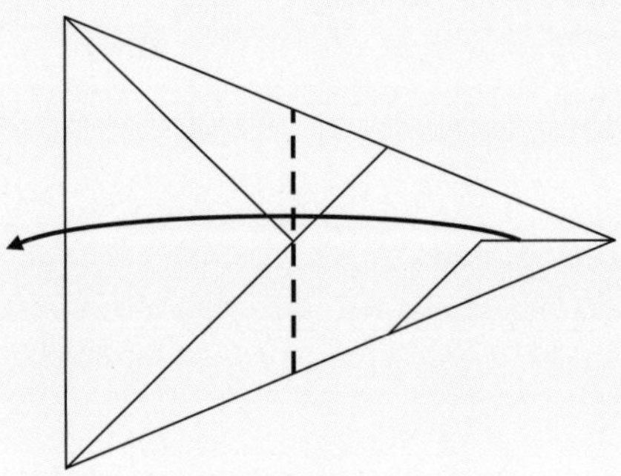

7 Die Spitze über die eingezeichnete Linie nach links falten.

Diesen Flieger mit mittlerem oder mit viel Schwung werfen. In der Regel muss das Höhenruder leicht nach oben gewölbt werden. Bei zu steilem Sinkflug den Flieger stärker werfen oder die Höhenruder leicht nach oben wölben. Bei Wellenflug den Flieger mit weniger Schwung werfen oder die Höhenruder entsprechend etwas nach unten biegen.

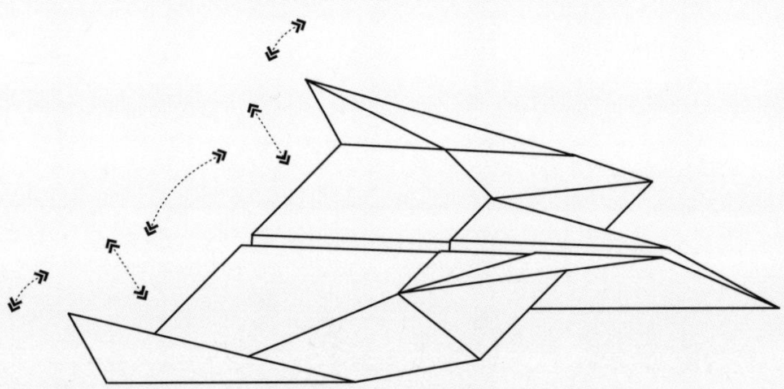

Albatros

Schwierigkeitsgrad
*

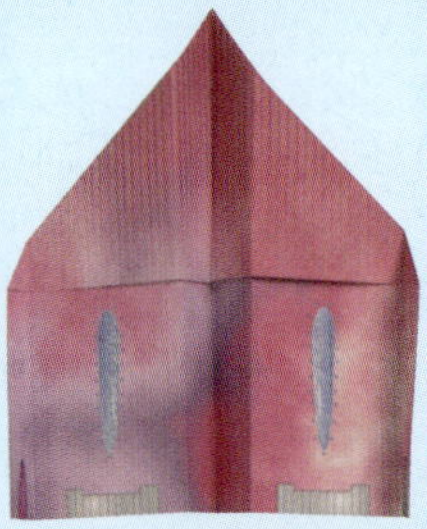
oben

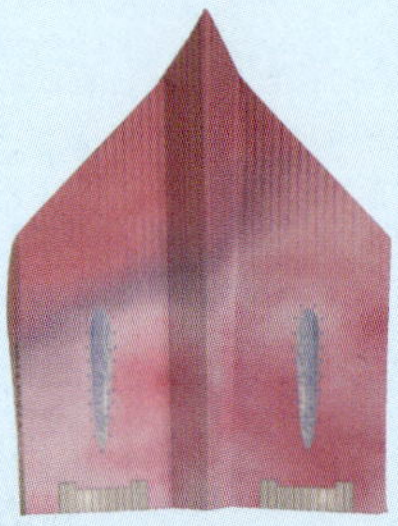
unten

Albatros

Albatros

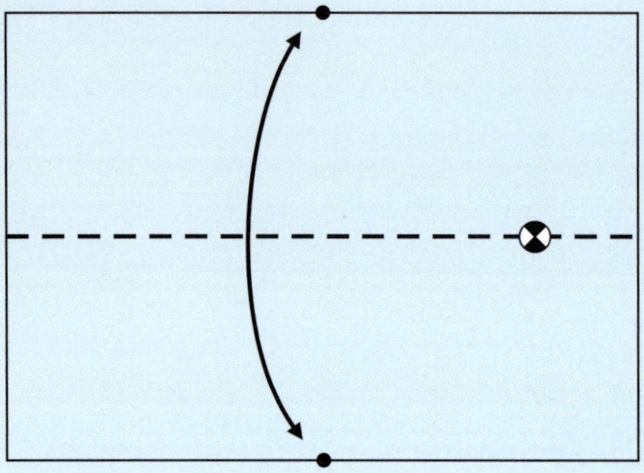

1 Das Blatt in der Mitte falten, wieder öffnen und so hinlegen, dass die Mittelfalte eine Talfalte bildet.

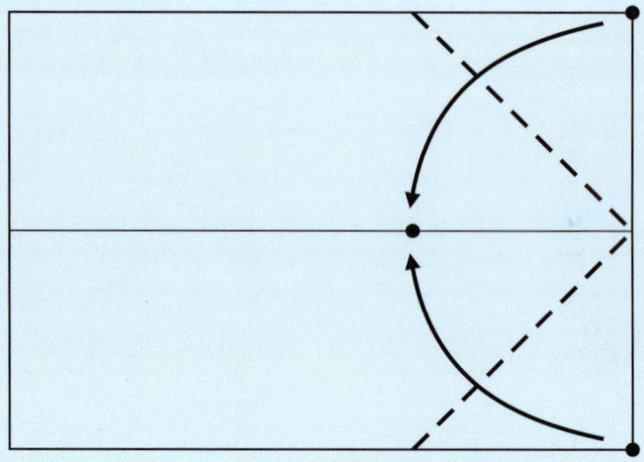

2 Die Ecken zur Mittellinie falten.

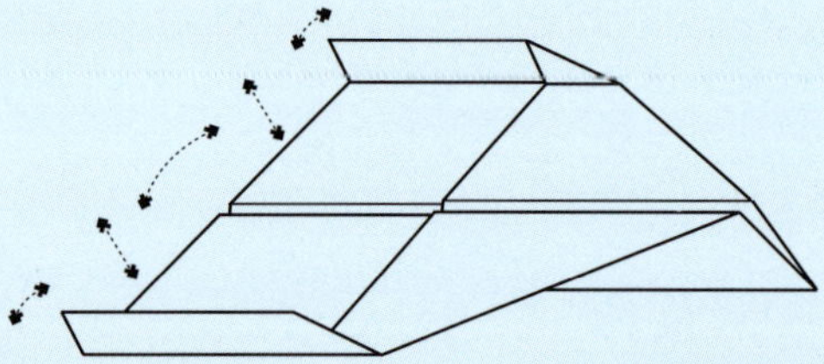

Diesen Flieger mit sehr wenig Schwung werfen. Bei zu steilem Sinkflug den Flieger stärker werfen oder die Höhenruder leicht nach oben wölben. Bei Wellenflug den Flieger mit weniger Schwung werfen oder die Höhenruder entsprechend etwas nach unten biegen.

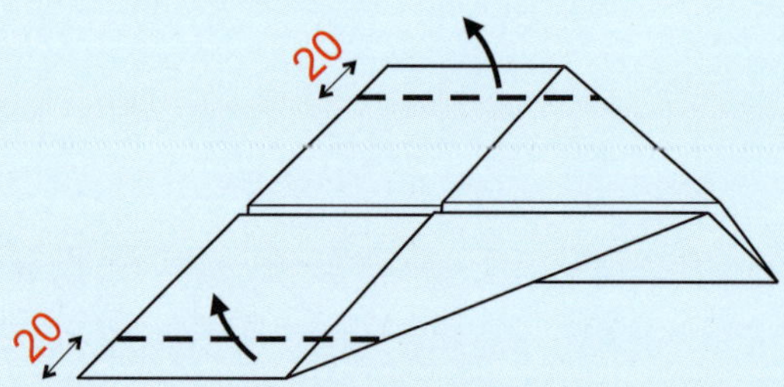

7 Die Seitenstabilisatoren jeweils an der eingezeichneten Linie rechtwinklig aufstellen.

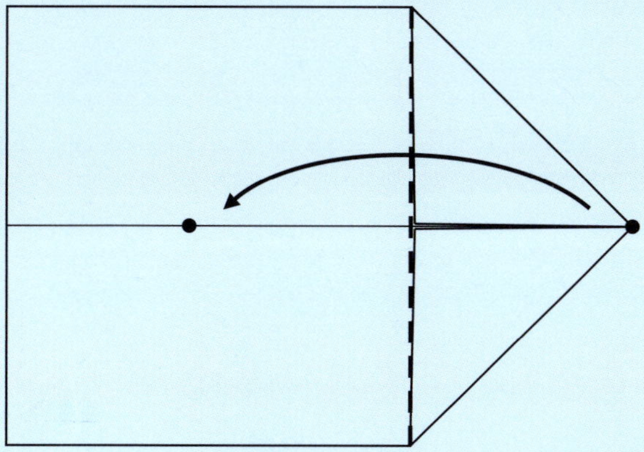

3 Die Spitze über die eingezeichnete Linie nach links falten.

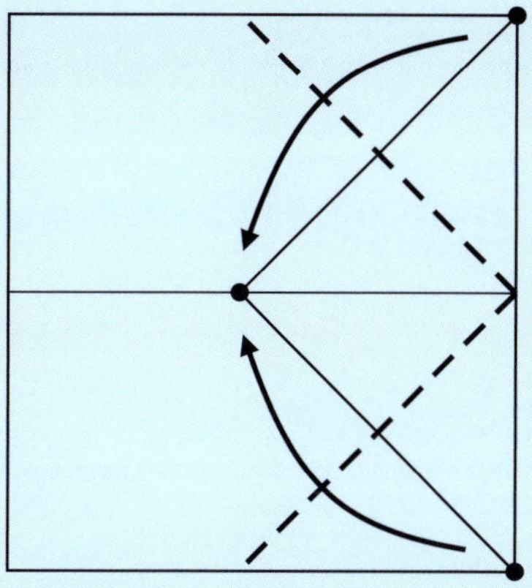

4 Die Ecken zur Mittellinie falten.

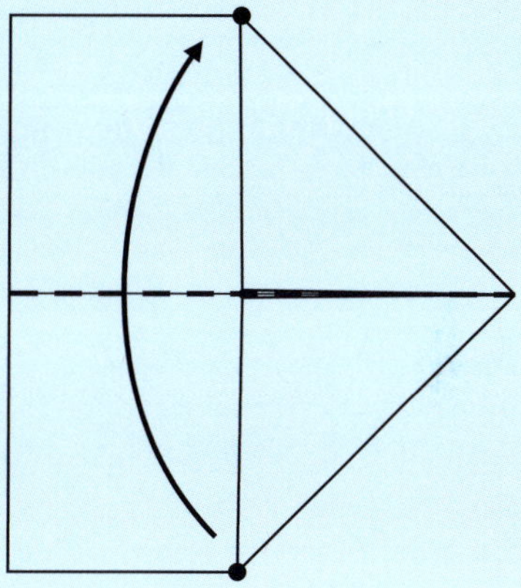

5 Den Flieger zusammenklappen.

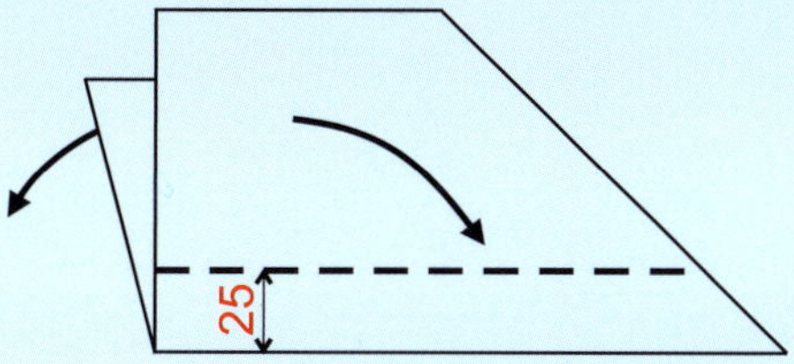

6 Beide Flügel jeweils an der eingezeichneten Linie nach unten klappen.

Phoenix

Schwierigkeitsgrad
* *

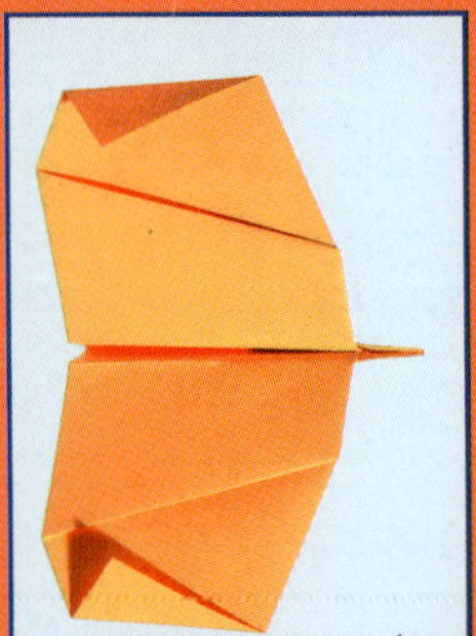
oben

unten

Phoenix

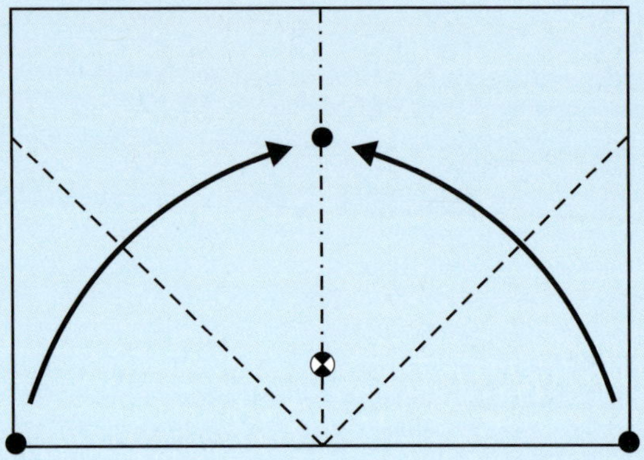

1 Das Blatt in der Mitte falten, wieder öffnen und so hinlegen, dass die Mittelfalte eine Bergfalte bildet. Die unteren Ecken zur Mittellinie falten.

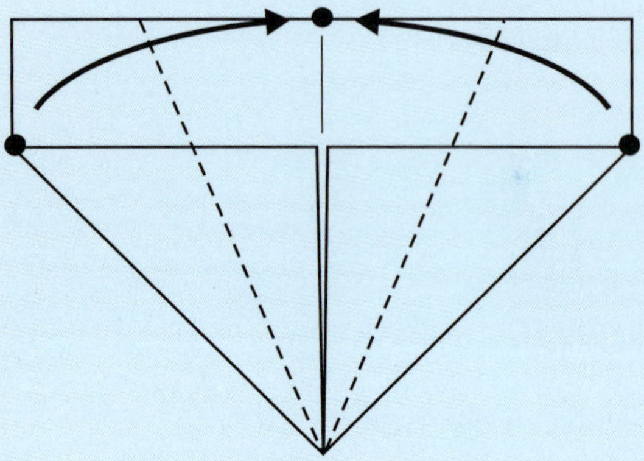

2 Die markierten Ecken zur Mitte falten.

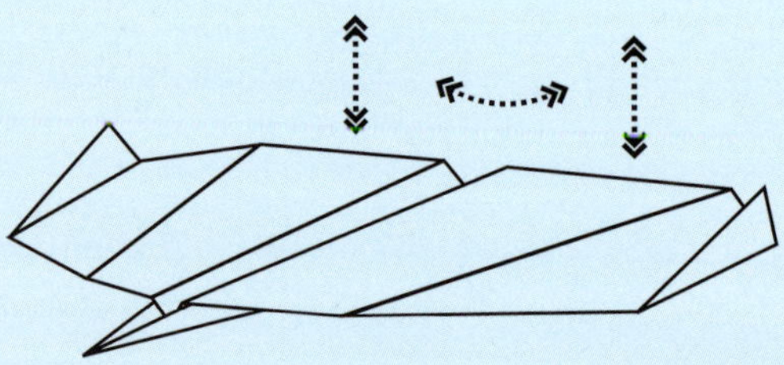

Bei zu steilem Sinkflug den Flieger stärker werfen oder die Höhenruder leicht nach oben wölben (eine minimale Wölbung kann ausreichen). Bei Wellenflug den Flieger mit weniger Schwung werfen oder die Höhenruder ein wenig nach unten biegen.

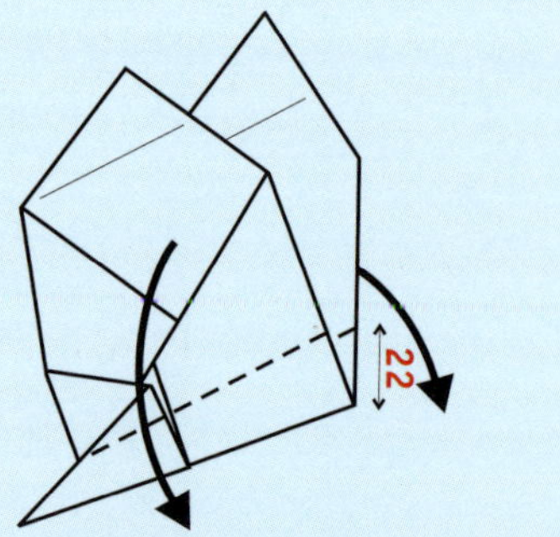

7 Beide Flügel jeweils an der eingezeichneten, vorgefalzten Linie nach unten klappen.

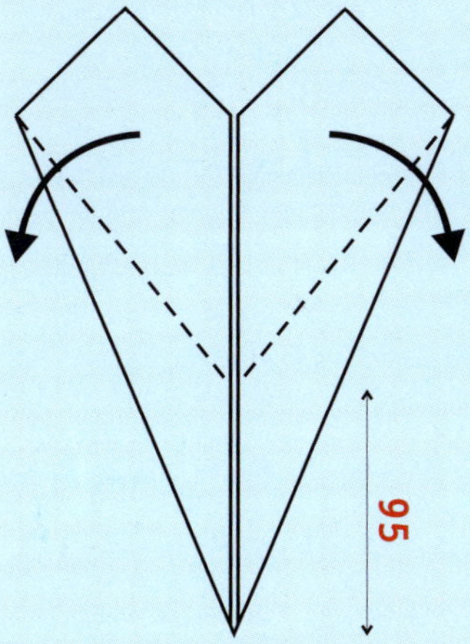

3 Die Flügel schräg nach außen falten.

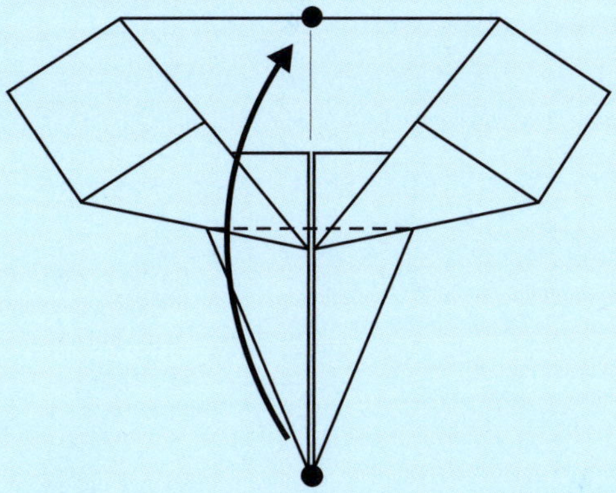

4 Die Spitze nach oben falten.

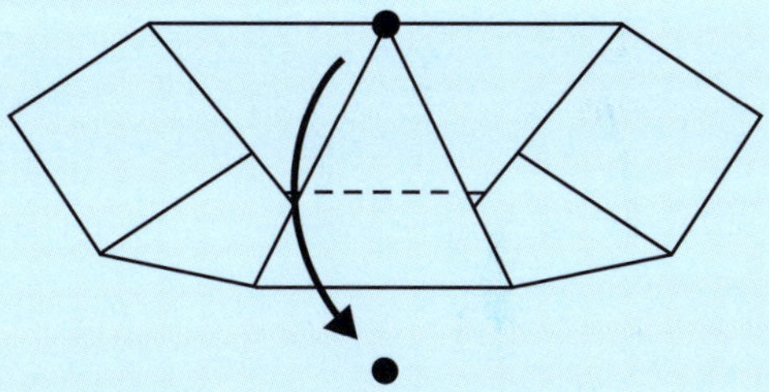

5 Die Spitze über die eingezeichnete Linie nach unten falten.

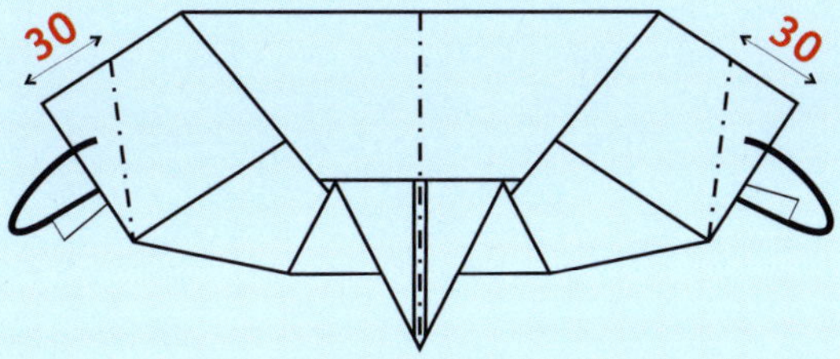

6 Die Flügelspitzen nach unten falten und den Flieger zusammenklappen.

Kormoran

Schwierigkeitsgrad
*

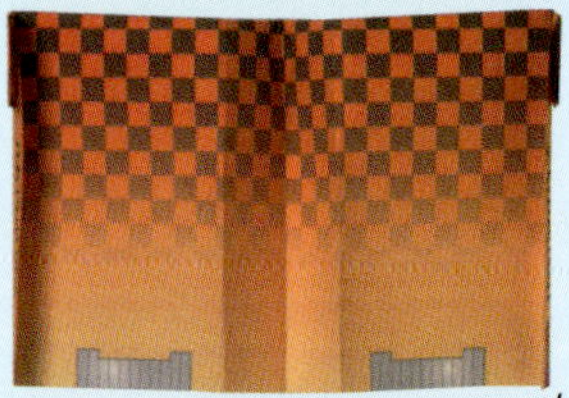

oben

unten

Kormoran

Kormoran

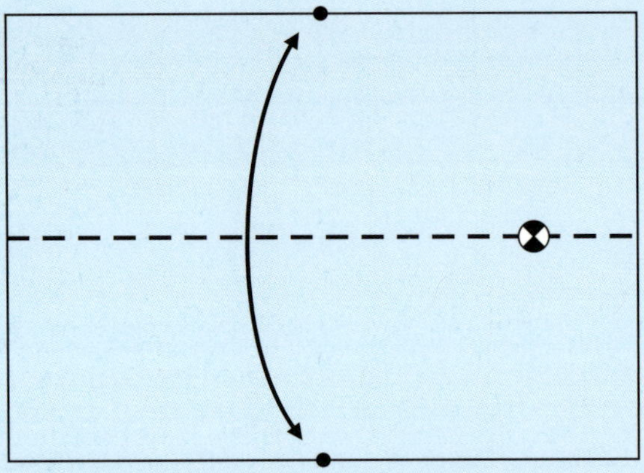

1 Das Blatt in der Mitte falten, wieder öffnen und so hinlegen, dass die Mittelfalte eine Talfalte bildet.

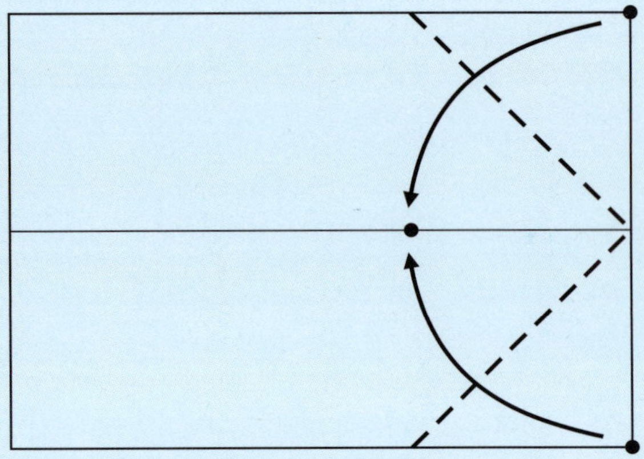

2 Die Ecken zur Mittellinie falten.

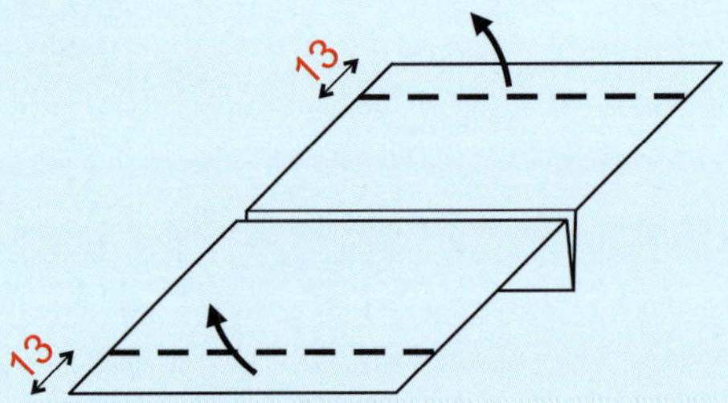

9 Die Seitenstabilisatoren jeweils an der eingezeichneten Linie rechtwinklig aufstellen.

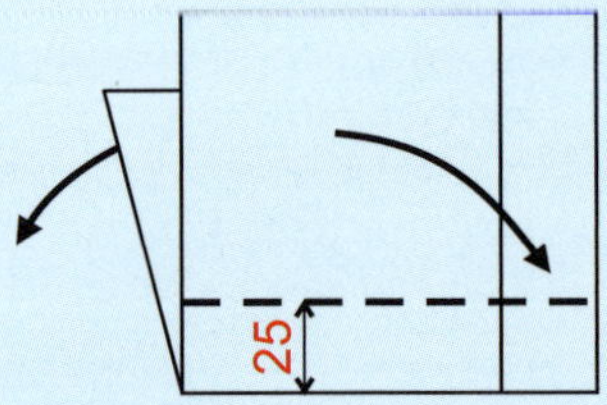

8 Beide Flügel jeweils an der eingezeichneten Linie nach unten klappen.

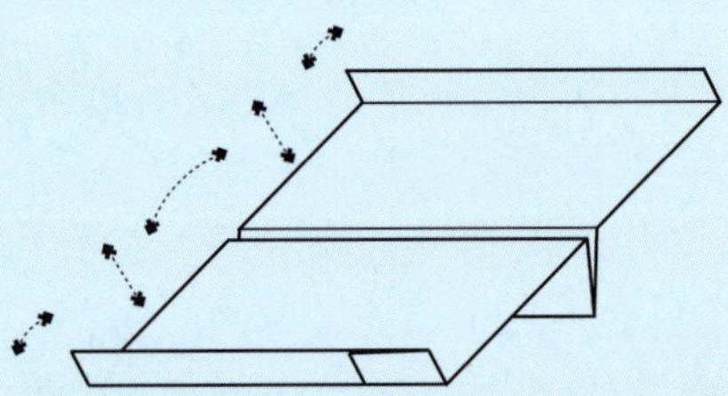

Diesen Flieger mit mittlerem oder mit viel Schwung werfen. Bei zu steilem Sinkflug den Flieger stärker werfen oder die Höhenruder leicht nach oben wölben. Bei Wellenflug den Flieger mit weniger Schwung werfen oder die Höhenruder etwas nach unten biegen.

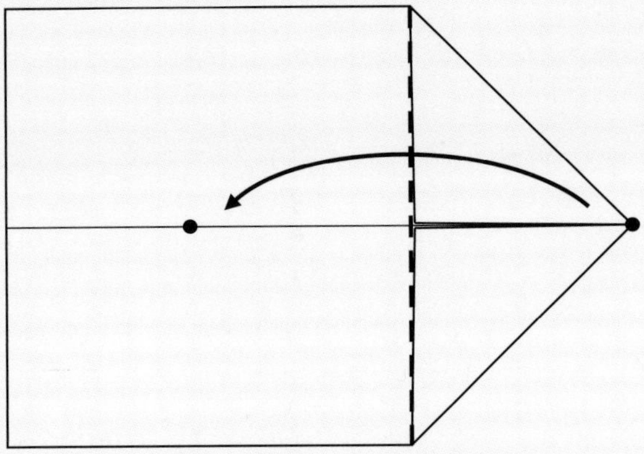

3 Die Spitze über die eingezeichnete Linie nach links falten.

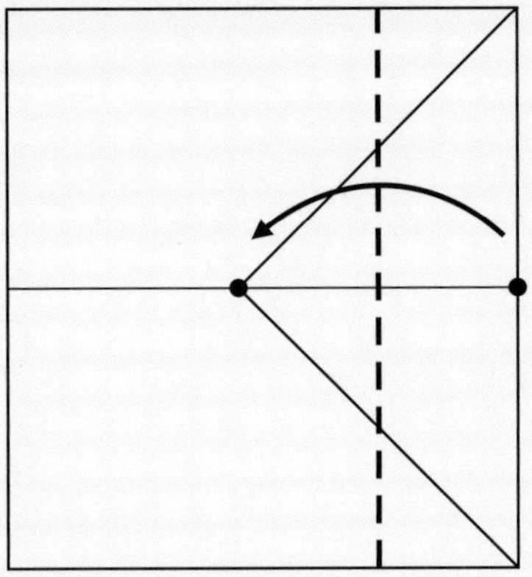

4 Die rechte Blattkante nach links auf die Spitze falten.

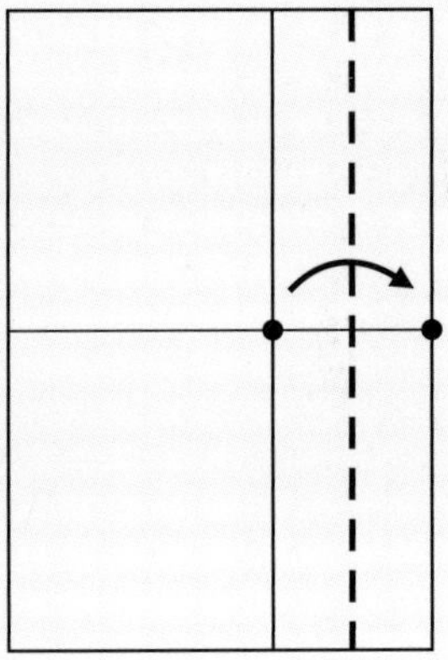

5 Die markierte Blattkante nach rechts zurückfalten.

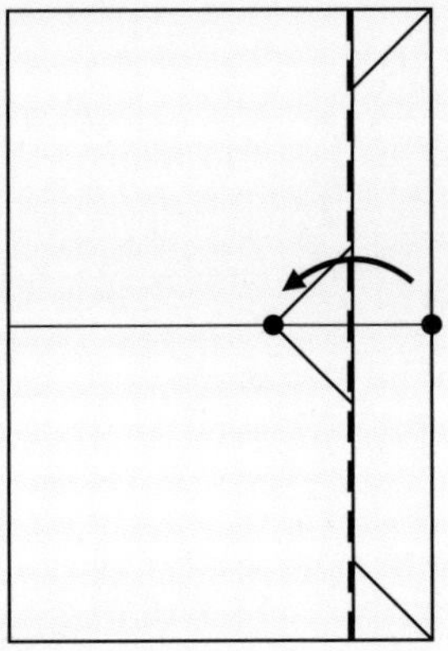

6 Die rechte Blattkante nach links auf die Spitze falten.

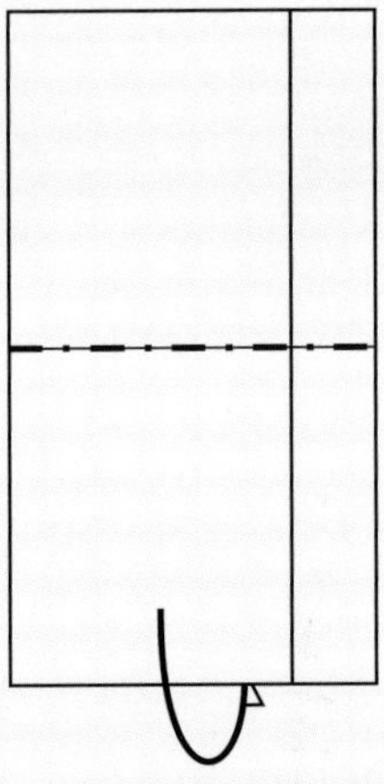

7 Den Flieger nach hinten zusammenklappen.

Chiron

Schwierigkeitsgrad
* *

oben

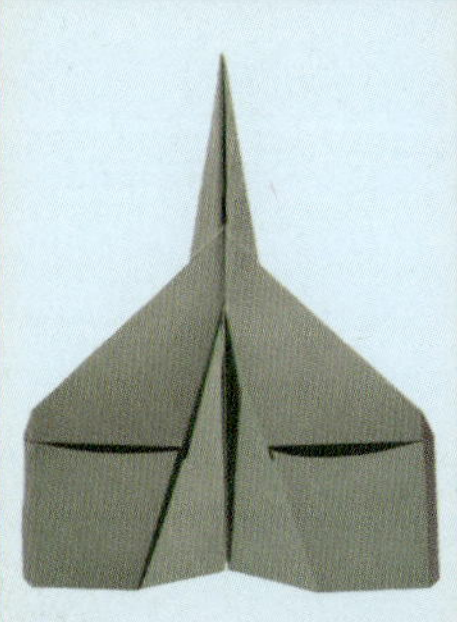

unten

Chiron

Chiron

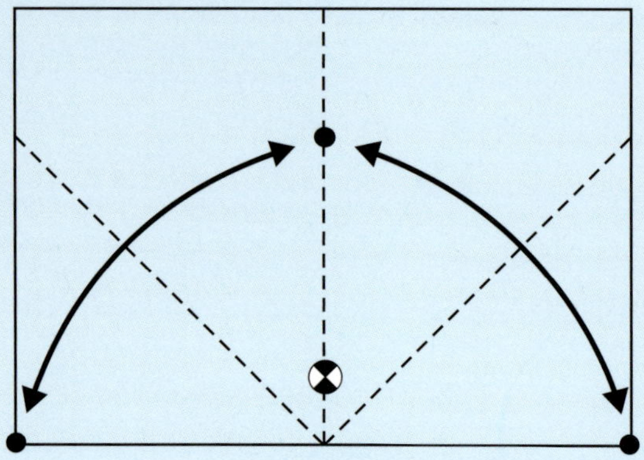

1 Das Blatt in der Mitte falten und entfalten. Die unteren Ecken zur Mittellinie falten und wieder öffnen.

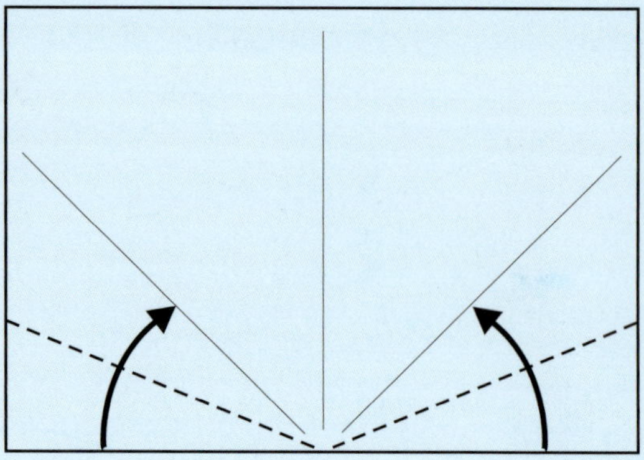

2 Die unteren Kanten über die eingezeichneten Linien an die vorhandenen Falten legen.

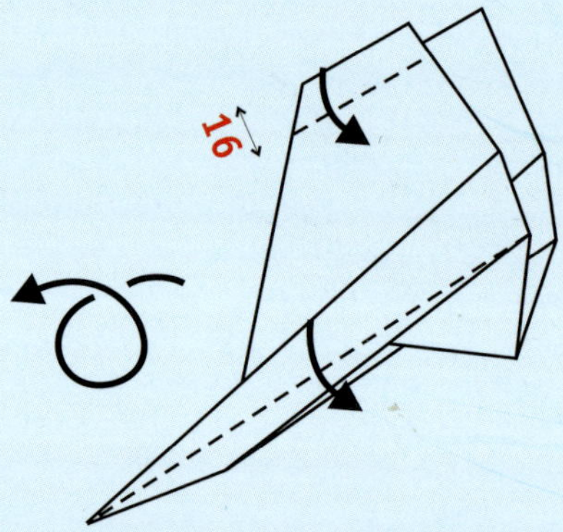

9 Beide Flügel jeweils an der eingezeichneten, vorgefalzten Linie nach unten klappen. Seitenstabilisatoren rechtwinklig zu den Tragflächen aufstellen. Flieger wenden.

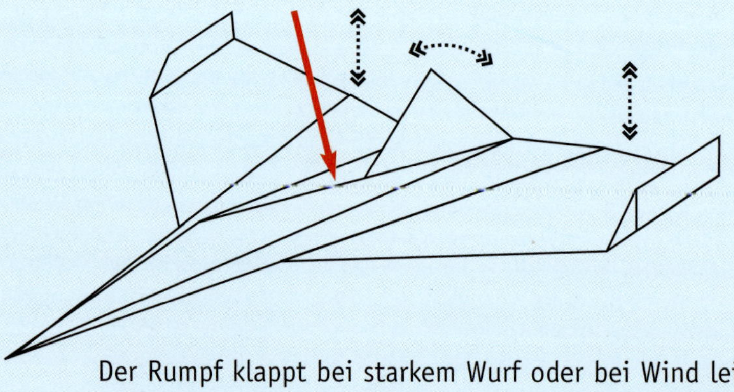

Der Rumpf klappt bei starkem Wurf oder bei Wind leicht auseinander und der Flieger gerät ins Trudeln. Daher den Rumpf an der durch Pfeil markierten Stelle mit einem kurzen Stück Klebefilm zusammenkleben. Bei zu steilem Sinkflug den Flieger stärker werfen oder die Höhenruder leicht nach oben wölben. Bei Wellenflug den Flieger mit weniger Schwung werfen oder die Höhenruder ein wenig nach unten biegen.

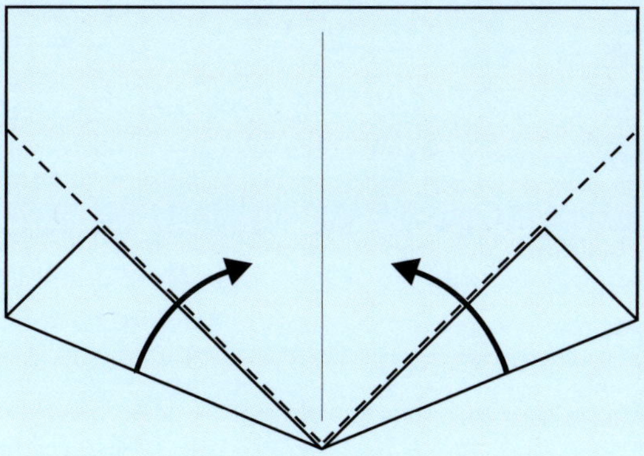

3 Beide Flügel über die Papierkanten falten.

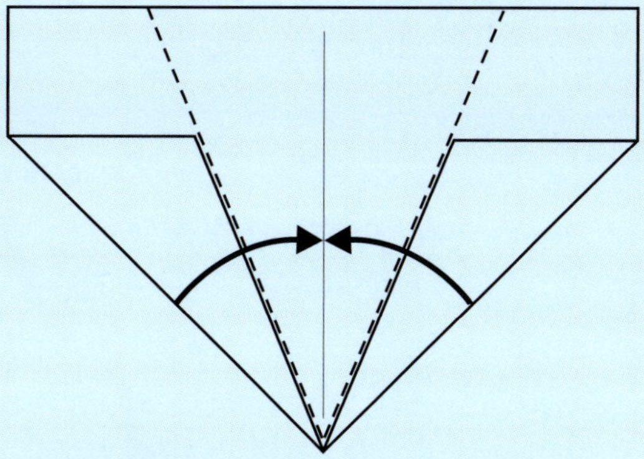

4 Beide Kanten zur Mitte falten.

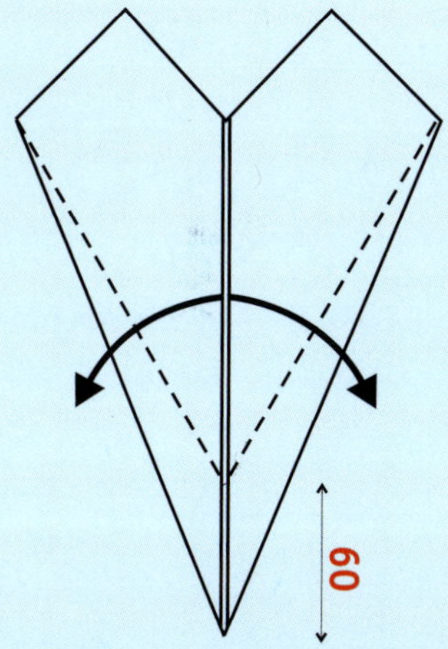

5 Die eingezeichneten Faltlinien vorfalzen und die beiden Flügel nach außen falten.

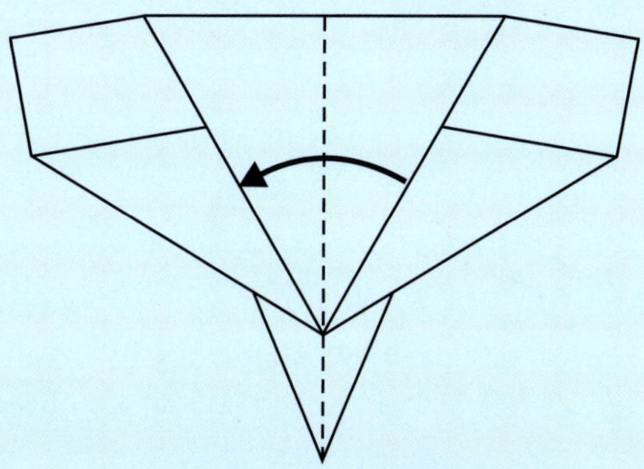

6 Den Flieger zusammenklappen.

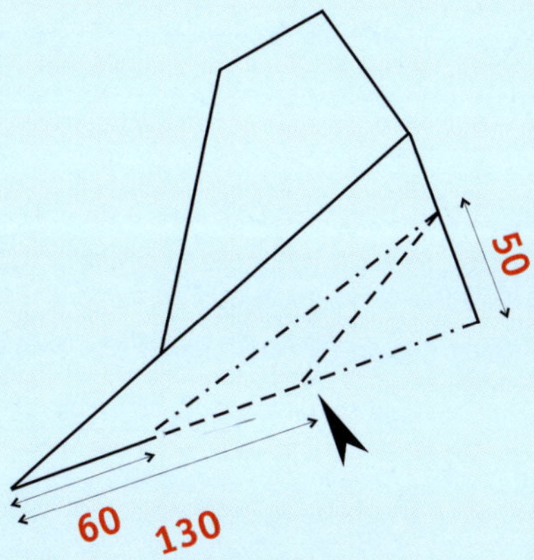

7 Das Seitenleitwerk falten: beide Papierlagen an den eingezeichneten Linien einmal nach vorn, einmal nach hinten falten und dann die einzelnen Falten in die vorgegebene Richtung knicken.

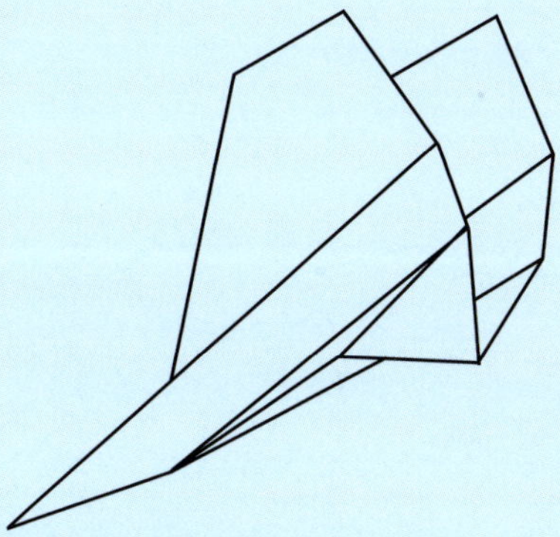

8 Ergebnis von Schritt 7.

Orion

Schwierigkeitsgrad
**

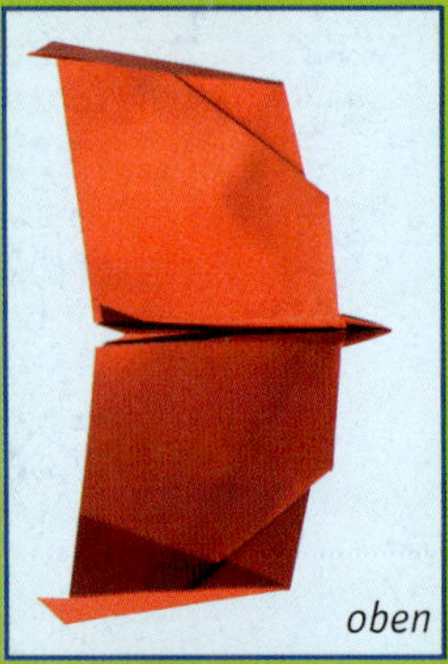

oben

unten

Orion

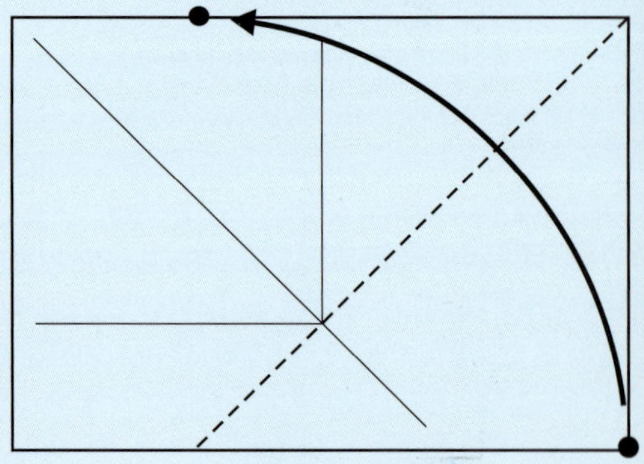

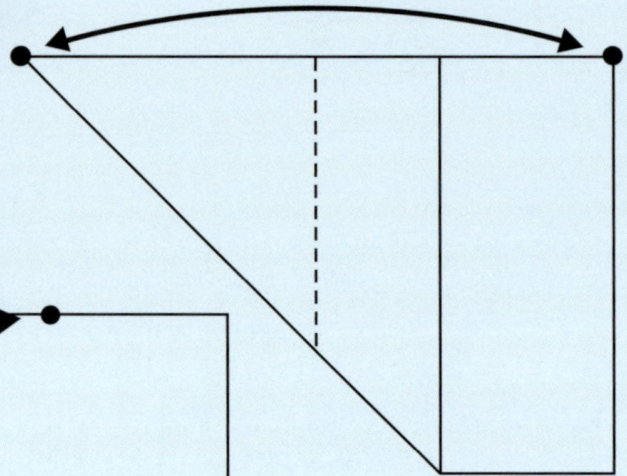

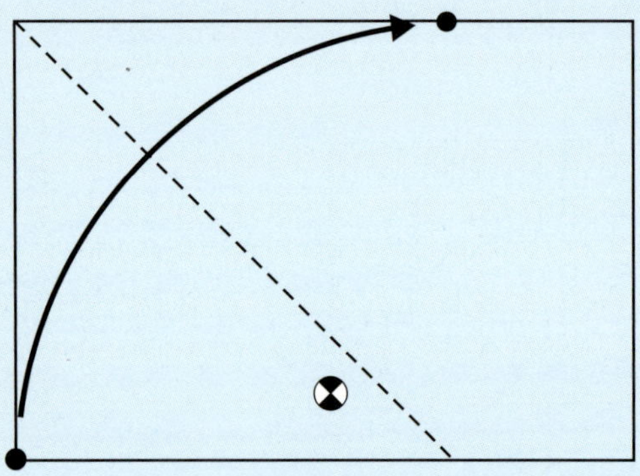

1 Die linke untere Ecke über die eingezeichnete Linie schräg nach oben falten.

2 Die beiden oberen Ecken übereinander legen, falten und alles entfalten.

3 Die rechte untere Ecke über die eingezeichnete Linie schräg nach oben falten.

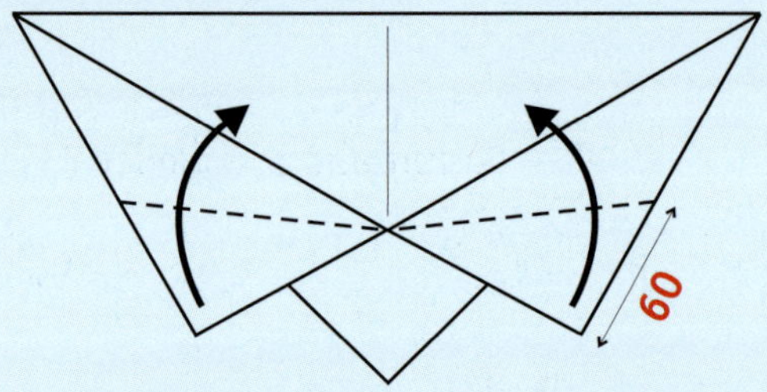

8 Die beiden unteren Ecken über die eingezeichneten Linien nach oben falten.

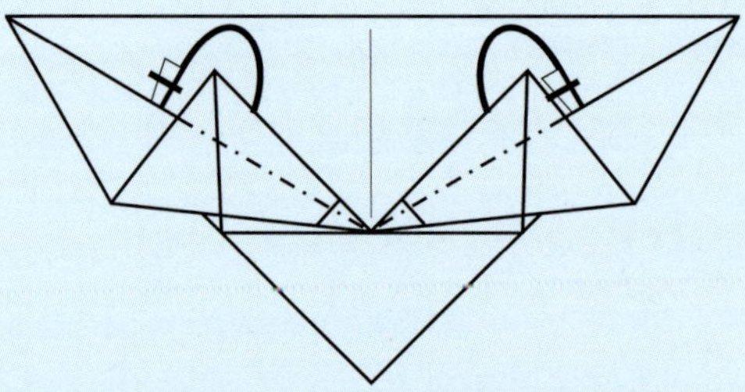

9 Diese Ecken über die Papierkanten nach hinten einstecken.

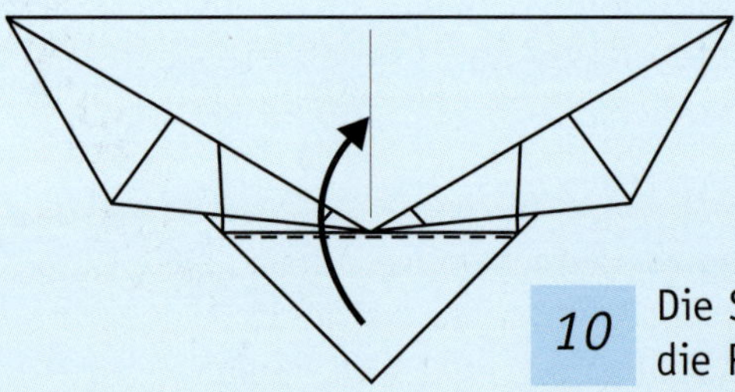

10 Die Spitze über die Papierkante nach oben falten.

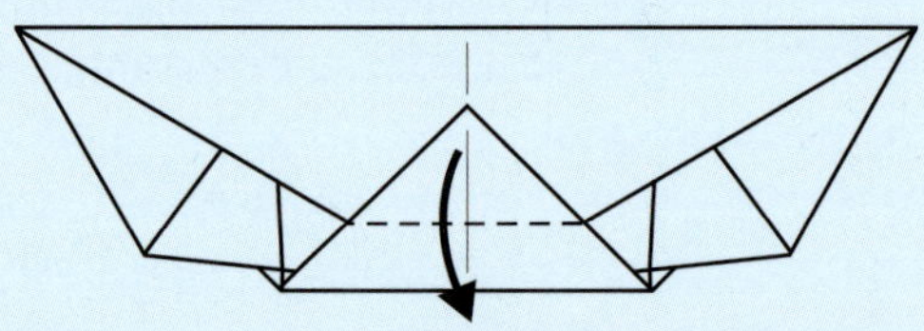

11 Die Spitze über die eingezeichnete Linie nach unten falten.

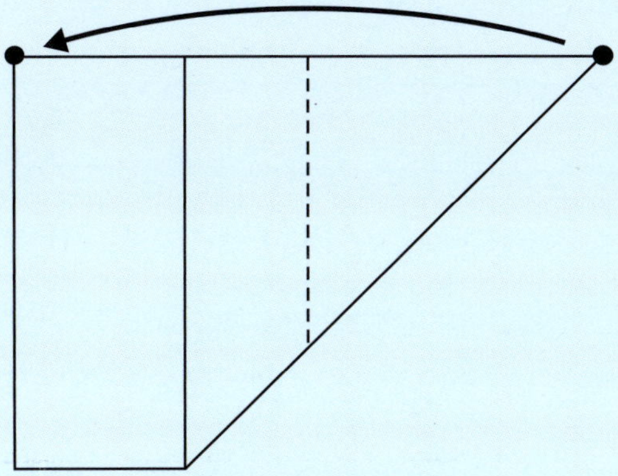

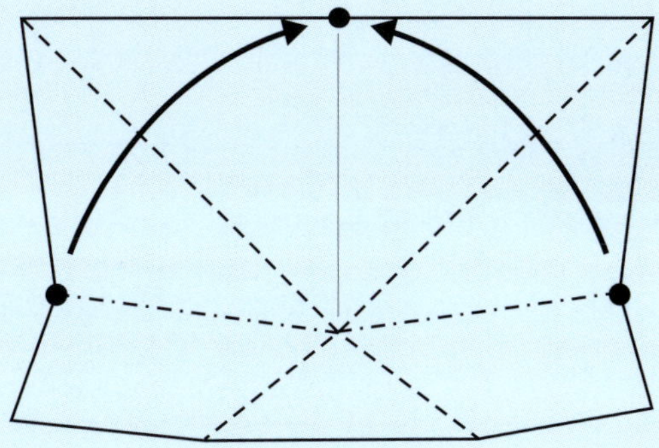

4 Die beiden oberen Ecken übereinander legen, falten und alles entfalten.

5 Die eingezeichneten Punkte zur Mitte der oberen Kante legen. Die Spitze der obersten Papierlage flach drücken.

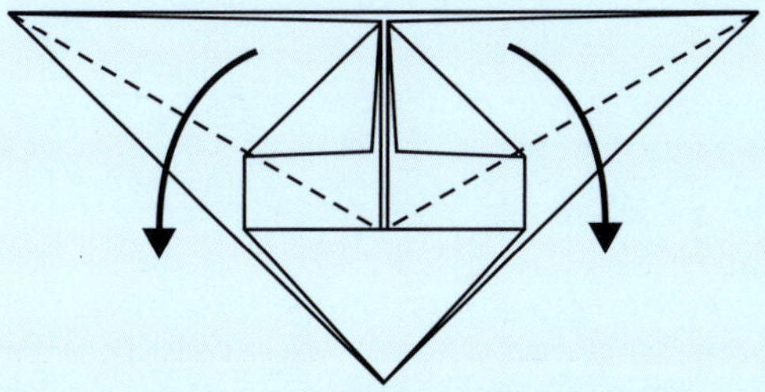

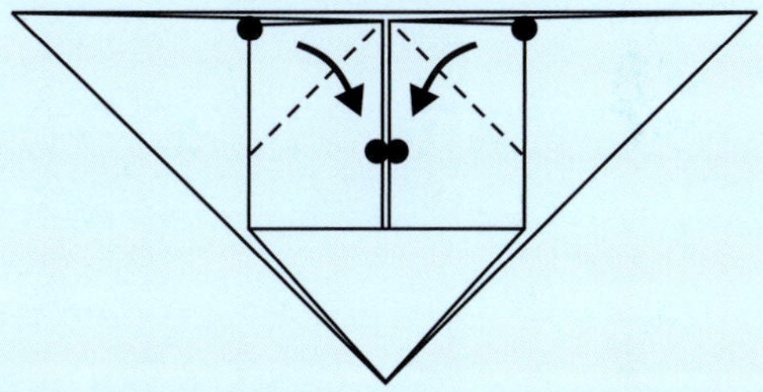

7 Die eingezeichneten Faltlinien vorfalzen und die beiden Flügel nach außen falten.

6 Die Ecken der oberen Papierlage zur Mitte falten.

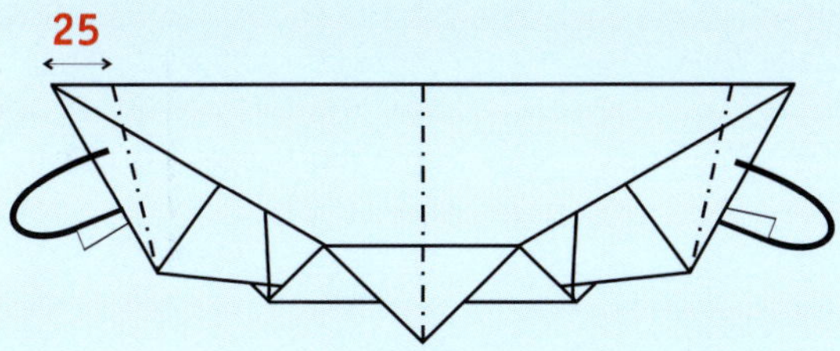

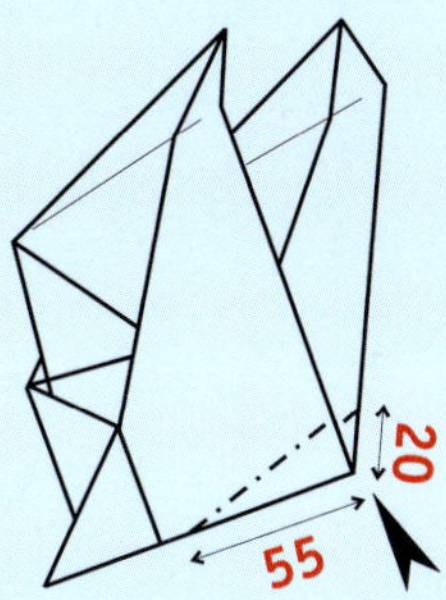

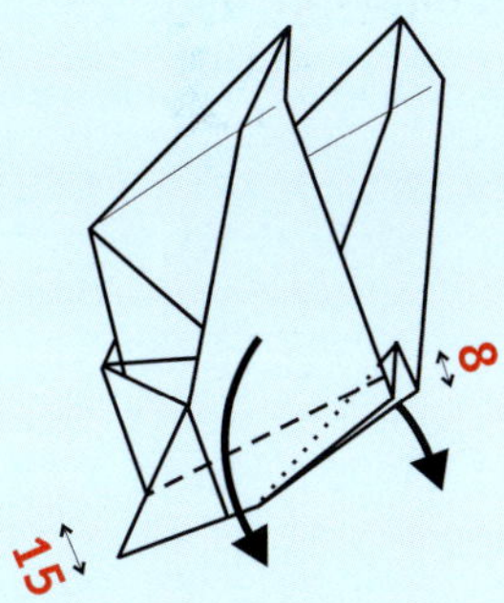

12 Die Flügelspitzen nach unten falten und den Flieger zusammenklappen.

13 Das Seitenleitwerk nach innen falten: einmal nach vorn, einmal nach hinten falten und dann eindrücken.

14 Beide Flügel jeweils an der eingezeichneten, vorgefalzten Linie nach unten klappen.

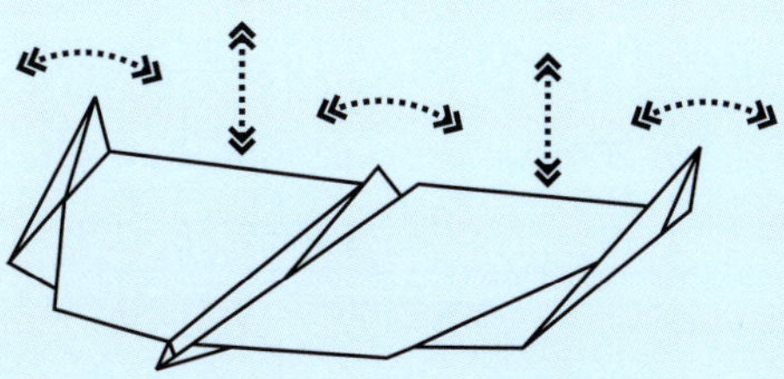

Zusätzlich zu den Lenkmanövern mit Höhenruder und Seitenruder kann mit den Seitenstabilisatoren gelenkt werden.

Tucana

Schwierigkeitsgrad
*

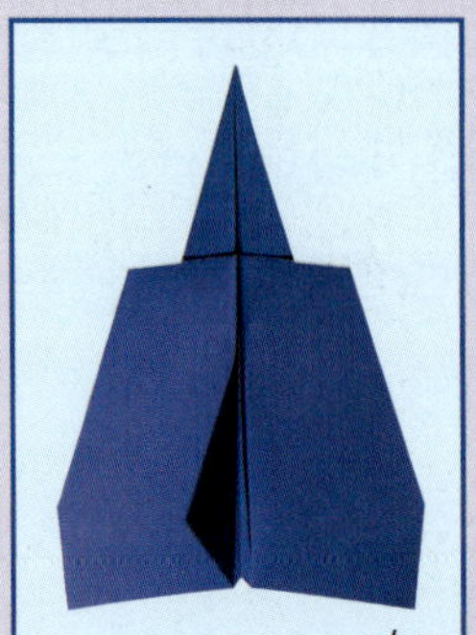
oben

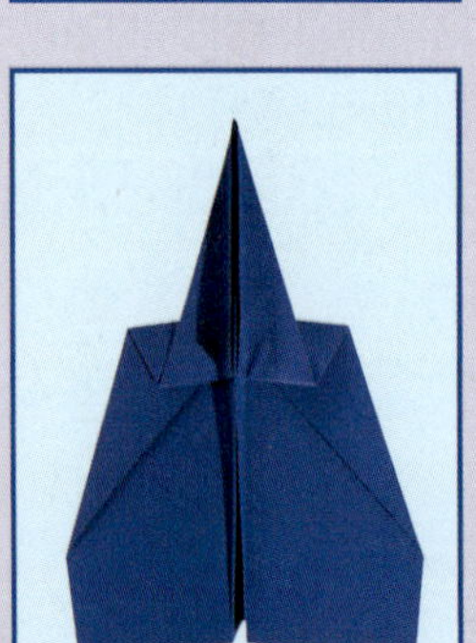
unten

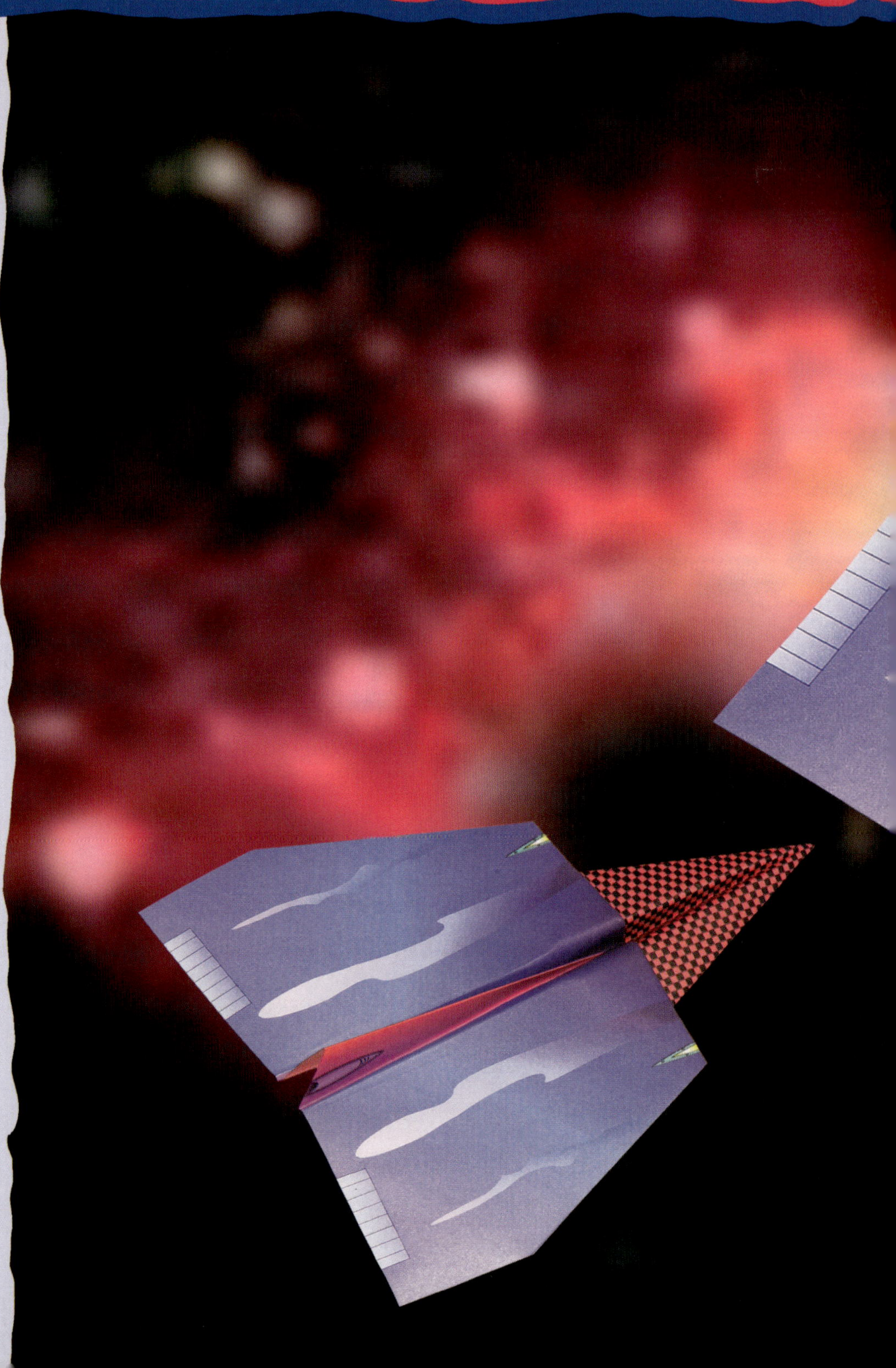

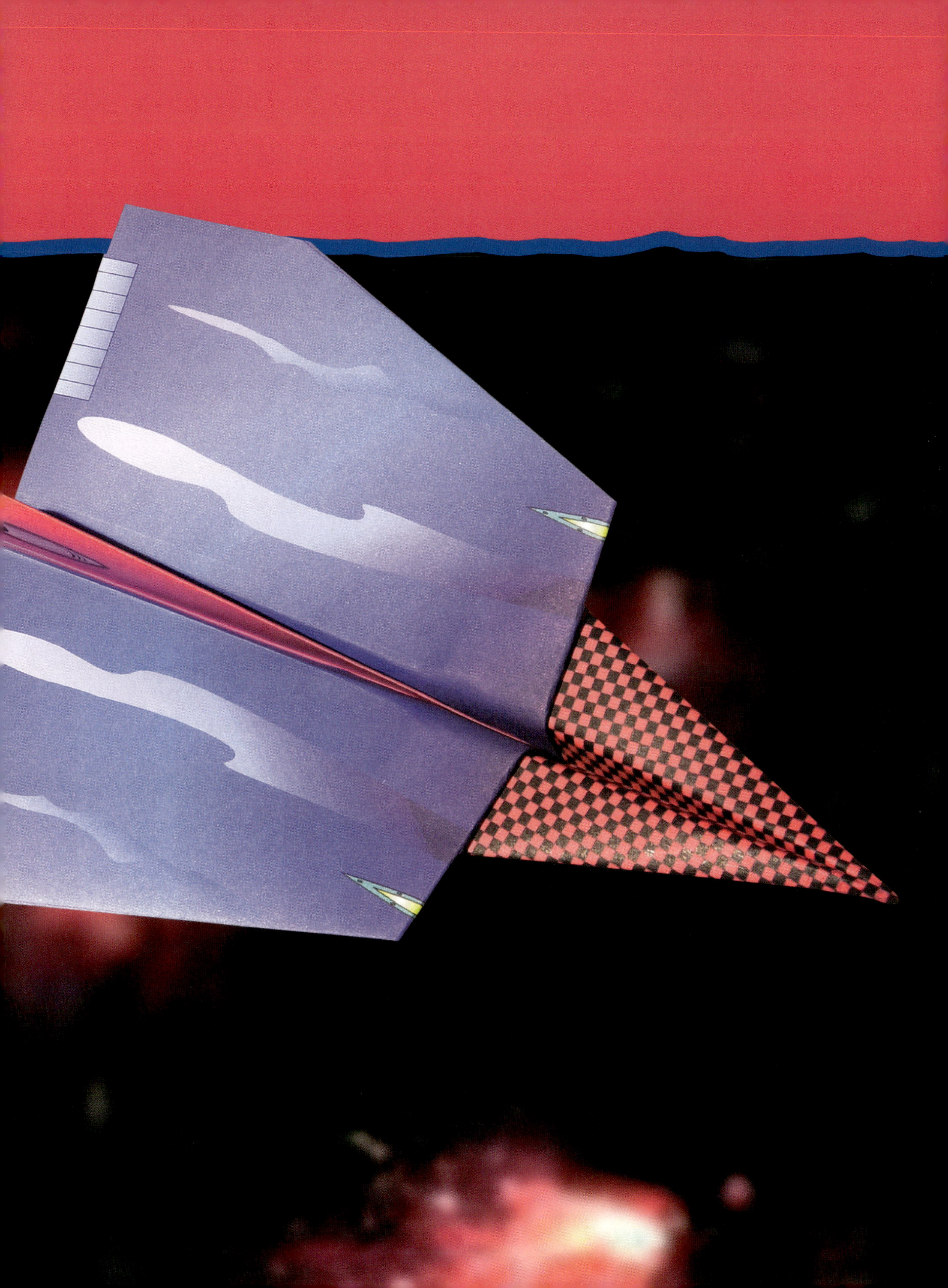

Tucana

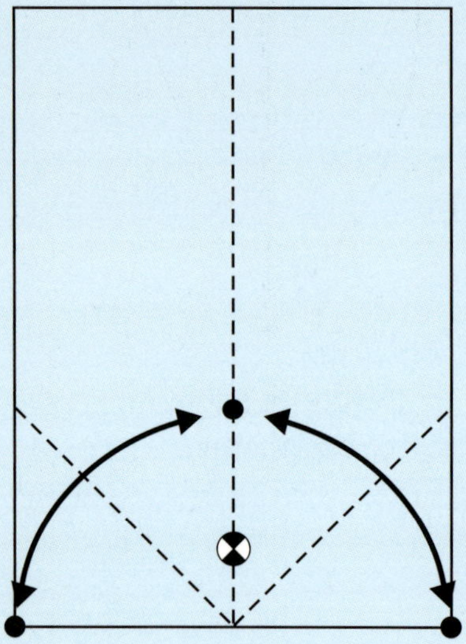

1 Das Blatt in der Mitte falten und wieder öffnen. Die unteren Ecken zur Mittellinie falten.

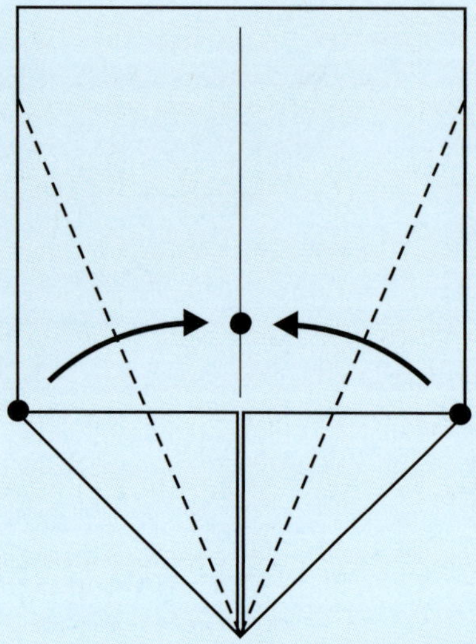

2 Die markierten Ecken zur Mitte falten.

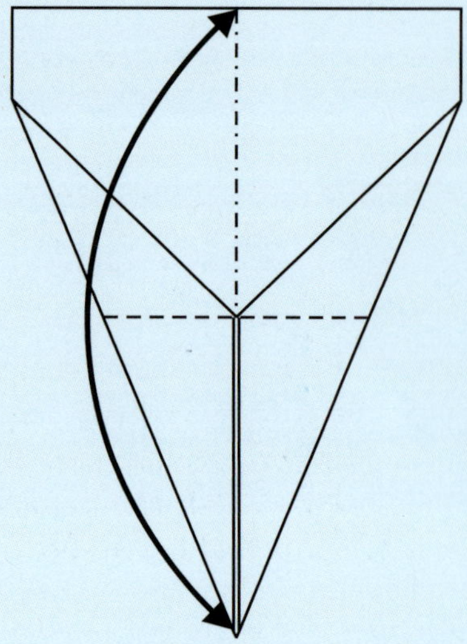

3 Die Spitze nach oben falten und wieder entfalten. Den Flieger nach unten zusammenklappen.

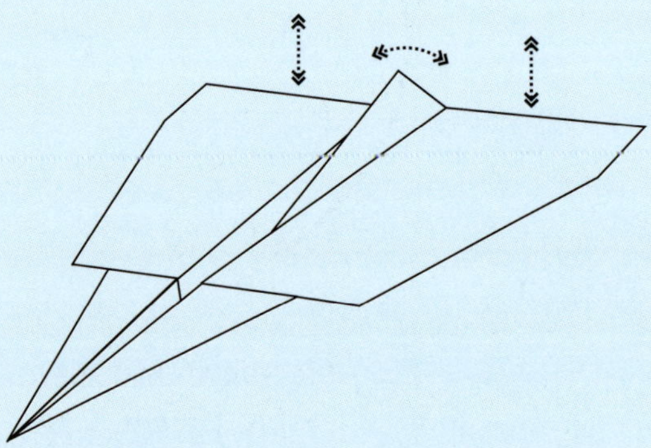

Bei zu steilem Sinkflug den Flieger stärker werfen oder die Höhenruder leicht nach oben wölben (eine minimale Wölbung kann ausreichen). Bei Wellenflug den Flieger mit weniger Schwung werfen oder die Höhenruder ein wenig nach unten biegen.

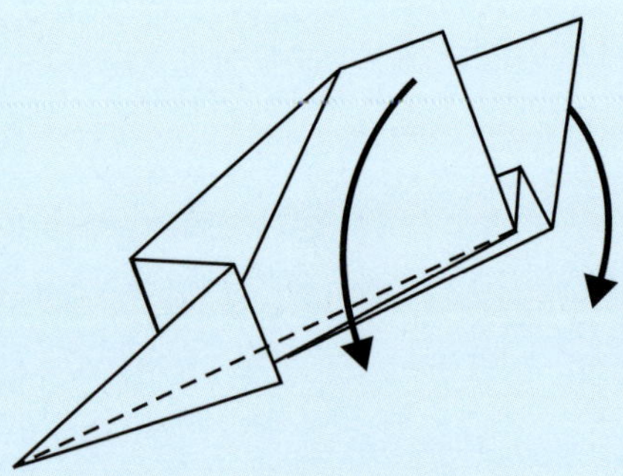

8 Die beiden Flügel an den eingezeichneten, vorgefalzten Linien rechtwinklig nach unten klappen.

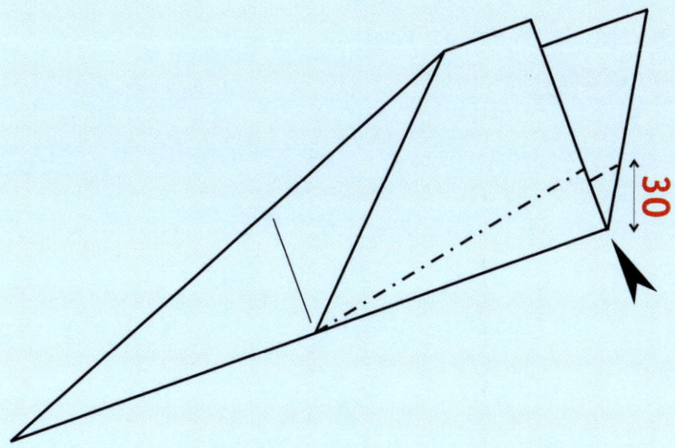

4 Das Seitenleitwerk nach innen falten: einmal nach vorn, einmal nach hinten falten und dann eindrücken. Den Flieger flach hinlegen.

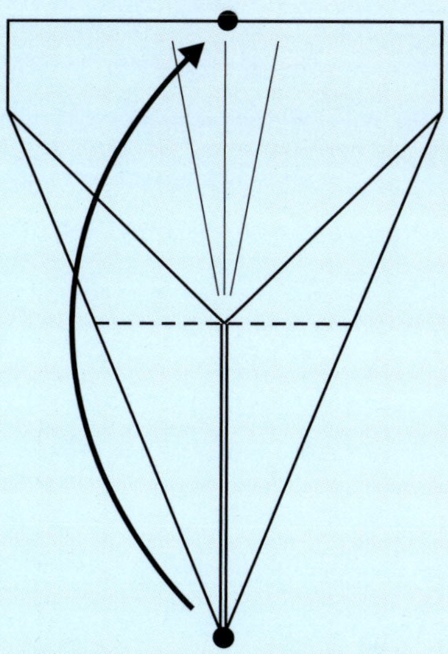

5 Die Spitze nach oben falten.

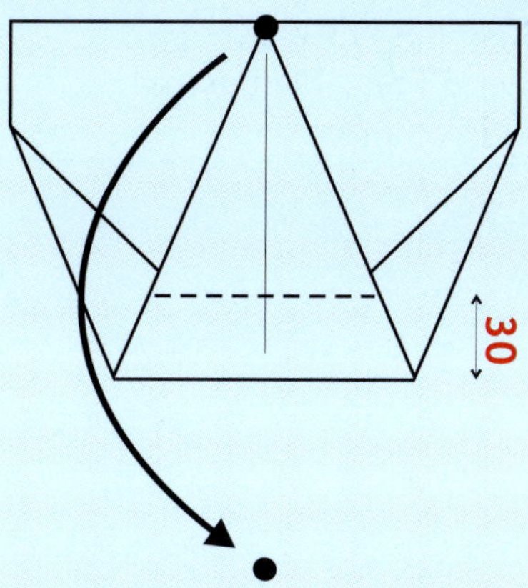

6 Die Spitze über die eingezeichnete Linie nach unten falten.

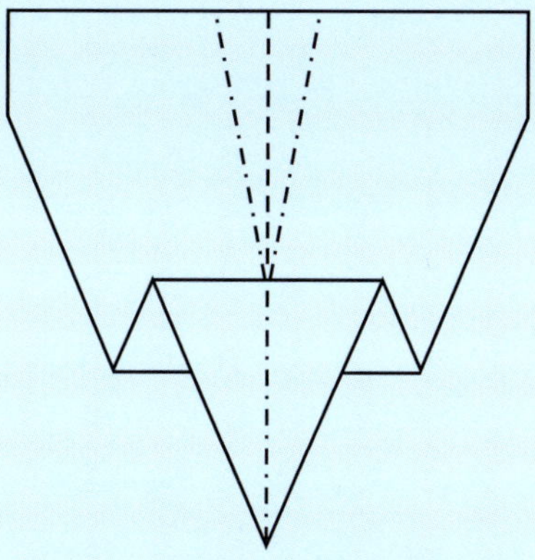

7 Den Flieger nach unten zusammenklappen und das Seitenleitwerk eindrücken.

Impressum

© Christophorus im Verlag Herder
Freiburg im Breisgau 2006
www.christophorus-verlag.de

Alle Rechte vorbehalten
Printed in Germany
ISBN-13: 978-3-419-53348-2
ISBN-10: 3-419-53348-9

Lektorat, Gestaltung & Produktion: Elke Fox, Freiburg

Fotos: Christoph Schmotz, Freiburg

Layoutentwurf: Network!, München

Covergestaltung und -realisierung: smp, Freiburg

Druck: Himmer, Augsburg 2006

Dieses Buch und alle darin gezeigten Modelle sind urheberrechtlich geschützt. Jede gewerbliche Nutzung der Arbeiten und Entwürfe, ein Nachdruck, auch auszugsweise, sowie die Verbreitung durch Fotokopien, Internet und elektronische Medien, durch Film, Funk und Fernsehen ist untersagt und wird zivil- und strafrechtlich verfolgt. Bei Anwendung im Unterricht und in Kursen ist auf dieses Buch hinzuweisen.